Rhetorik und Ausdruck Sprachakademie

Zielsicher die richtigen Worte finden, wie ein Sprach-Ninja

Inkl. Lernspiel mit den 250 wichtigsten Fremdwörter

Joseph Bucherer

Haftungsausschluss und rechtliche Hinweise

Inhaltsverzeichnis

Vorwort

Ganz egal, ob Sie eine Präsentation an einer Hochschule, einer Universität oder in der Arbeit halten müssen; oder sich in alltäglichen Situationen befinden, in denen ein gewisses rhetorisches Geschick von Vorteil wäre, bleibt Ihnen oft keine andere Wahl: Sie müssen Reden und Ihre Zuhörerschaft von sich überzeugen. Doch in dem Augenblick, in dem Sie Ihrem Publikum gegenübjerstehen, merken Sie, dass Sie Herzklopfen oder weiche Knie bekommen, Ihre Stimme anfängt zu zittern, oder sogar einen Black-Out erleben. Die Bezeichnung *„Lampenfieber“* ist der Inbegriff für letztere beschriebenen Phänomene, die in unserem Körper stattfinden. Jedoch gibt es einige Menschen, die die Kunst der Rhetorik im Laufe der Zeit angelernt haben.

Obwohl diese Menschen zunächst genauso mit Lampenfieber zu kämpfen hatten, gehören diese mittlerweile zu den wenigen Ausnahmetalenten auf der Welt. Das Bestreben dieses Werkes ist es Ihnen Schritt für Schritt zu zeigen, wie auch Sie zu einem Redekünstler werden, ohne jemals wieder Lampenfieber zu bekommen. Damit Sie auf dieses Niveau aufsteigen, erhalten Sie praxistaugliche Ansätze, Methoden und Strategien, die darauf getrimmt sind, dass Sie bereits nach kurzer Zeit und mit minimalem Zeitaufwand ausgezeichnete Resultate erzielen.

Ich möchte Ihnen eine kurze Geschichte über die Zeit während meines Psychologie-Studiums erzählen. Denn auch ich war kein großer Redekünstler, wenn es darum ging Präsentationen abzuhalten. Ich schaffte es zwar mich vor meinem Publikum zu stellen, doch ich verspürte immer Angst, bekam Schweißausbrüche und weiche Knie. Ich stotterte und meine Stimme wurde zittrig. Auch nach dem Ende meiner Präsentationen fühlte ich mich keineswegs besser und mein Selbstbewusstsein sank immer mit jeder Rede. Genauso ging es weiter, bis ich vor meiner

Abschlussprüfung stand. Diesen Tag betitele ich zugleich als den schlimmsten, aber auch als den lehrreichsten Tag meines Lebens. An diesem Tag war ich in der Universität und hatte noch 20 Minuten bis zu meiner Abschlussprüfung. Ich ging den langen Gang vor dem Festsaal hin und her und jede Sekunde, die verging, fühlte sich wie eine Ewigkeit an. Wie gewohnt bekam ich Herzklopfen, fing an sehr stark zu schwitzen und zitterte am ganzen Körper. Ich schaute auf die Uhr und war erschrocken, dass nur eine einzige Minute vergangen war. Nach einiger Zeit wurde mir der Druck zu groß und ich beschloss mich auf den Heimweg zu machen. Durch diese (Fehl-)Entscheidung zog sich mein Abschluss in die Länge. Rückblickend mag das zwar bitter sein, doch mittlerweile weiß ich, dass dieser Tag auch etwas Wertvolles an sich hatte. Denn als ich in meinen eigenen vier Wänden war und voller Trauer und Zorn im Bett lag, versprach ich mir selbst, dass ich meine Rhetorik verbessern möchte, ohne jemals panisch zu werden.

Alles was ich in diesem Moment wollte, war es meine Redeangst zu überwinden und meine Ausdrucksfähigkeit zu verbessern. Die Vorstellung nie wieder Redeangst zu haben erfühlte mich mehr, als die Vorstellung meinen akademischen Abschluss in den Händen zu halten. Nun kennen Sie meine Geschichte. Dieser Gedanke brachte mich dazu, mich mit dem Thema der Rhetorik näher zu befassen. Ich verbrachte meistens 5 bis 6 Tage die Woche in der Universitätsbibliothek und las unzählige Bücher durch. All jene Sachen, die mir besonders aufgefallen waren, fasste ich in meinem Notizbuch zusammen, damit ich sie auch praktisch anwenden und erproben konnte. Strategien und Methoden, die für die Praxis nicht tauglich waren, strich ich wieder durch. Im Laufe der Jahre ergänzte ich mein Notizbuch um weitere Hacks, die mir bei Präsentationen großer Redekünstler aufgefallen waren. Ich studierte also nicht nur Bücher, sondern auch große Redner, die sogenannten Ausnahmekünstler.

Dieses Werk zu verfassen und all mein erlerntes Wissen an Sie weiterzugeben ist für mich eine Herzensangelegenheit. Natürlich klappte es nicht gleich beim ersten Mal, mein Publikum von mir zu überzeugen. Doch bereits nach kurzer Zeit konnte ich bemerkenswerte Resultate erzielen. Ich hatte kein Lampenfieber mehr, konnte frei reden und verbesserte meine Rhetorik immens. Wenn auch Ihr Ziel genau darin besteht, Sie aber keine Zeit haben sich wochen- und monatelang mit unzähligen Büchern zu beschäftigen, dann ist dieses Buch wie für Sie geschaffen. Mein Herzensprojekt soll für Sie den Weg zeigen, den Sie von keinem Ihrer Universitätsprofessoren, Kollegen oder Freunden gelehrt bekommen haben, um zum Redekünstler aufzusteigen. Mir ist es wichtig, dass dieses Werk Ihnen all jene Tipps und Methoden beibringt, die Sie auch praktisch umsetzen können. Am besten lesen Sie sich jedes einzelne Kapitel mit vollem Fokus durch, holen sich dabei einen Marker und markieren alle maßgebenden Punkte. Im letzten Kapitel erhalten Sie eine Schritt-für-Schritt Anleitung, die Sie 1 zu 1 umsetzen können.

1. Vorzeige-Rhetoriker, von denen man sich eine Scheibe abschneiden kann

Gregor Gysi

Der ehemalige Vorsitzende der Linkspartei Gregor Gysi, ist einer der bekanntesten deutschsprachigen Politiker, der sich besonders stark mit dem Thema Rhetorik und politischen Inhalten in Reden auseinandergesetzt hat. Unabhängig davon, ob man den Inhalt bzw. die politische Meinung von Gregor Gysi teilt oder sie ablehnt - seine rhetorischen Leistungen im deutschen Parlament während den Wahlkampfzeiten sind europaweit außerordentlich bekannt. Ein sehr markanter Punkt, den Gregor Gysi berühmt machte ist, dass er den ersten Satz seiner Rede mit unglaublich intensiven und emotionalen Werten verbindet. Der erste Satz in einer Rede ist von höchster

Wichtigkeit. Er ist aber nicht ausschlaggebend für die gesamte Rede. Nichtsdestotrotz bleibt er im Gedächtnis des Zuhörers hängen und es ist daher von hoher Notwendigkeit, dass man ihn perfekt und fehlerfrei kommuniziert. Gregor Gysi glänzte nicht nur dadurch, dass er seine ersten Sätze der Rede besonders inhaltsvoll und emotional kommunizierte, sondern er war auch äußerst seriös. Einen Spaß konnte er sich nicht erlauben, schon gar nicht zu Beginn.

Gregor Gysi war ebenso dafür bekannt, dass er bei Meetings mit einem Abgeordneten, diese Personen emotionsfrei, direkt in die Augen gesehen und mit ihnen so kommuniziert hat. Das rhetorische Trikolon, also die Dreieinigkeit in einer Aktion, ist bei ihm besonders gut zu erkennen. Er hat immer wieder einzelne Satzteile exakt dreimal wiederholt, meistens zur Untermauerung mit einer Handbewegung oder einem akustischen Signal, wie beispielsweise das Klopfen auf dem Tisch.

Besonders bemerkenswert bei Gregor Gysi war immer die Konstruktion einer sogenannten Antithese. Eine These ist nichts anderes als eine Aussage über ein bestimmtes Thema bzw. eine Haltung. Eine Antithese aber, wie der Name schon sagt, verhält sich gegensätzlich zu dieser besagten These. Gregor Gysi hat nicht nur seine Inhalte in einer gewissen These formuliert, er hat auch immer wieder die gegensätzliche Meinung auf den Tisch gebracht und sie gleichzeitig auch diskreditiert. Sie können es sich so vorstellen: Er hat immer wieder die Argumente des Gegners auf einem silbernen Tablett serviert, sie unmittelbar danach zu Boden geschmissen, mit den Füßen getreten und darauf sinnbildlich „gespuckt". Er ist mit Abstand einer der berüchtigtsten Politiker, was das Kritisieren, rhetorische Angreifen und Gestikulieren betreffen. Etwas was Gregor Gysi häufig in seiner Rede etabliert hat, waren Vergleiche bzw. Zitate. Besonders interessant war, dass diese Zitate und Vergleiche zu anderen Personen bzw. Aussagen von ihm niemals langweilig rüberkamen.

Gregor Gysi schaffte es immer wieder Aussagen von Personen, die gar nichts mit dem eigentlichen Thema zu tun haben in einem Kontext einzubinden und diese Änderungen dann für sich sprechen zu lassen.

Wer in einem gewissen Maß übertreibt, kann sich mit besonders leichten Mitteln ins Zentrum eines Diskurses stellen. Gregor Gysi hat das häufig getan. Beispielsweise hat er sich im Rahmen der „Edward Snowden Kampagne“ im Jahr 2017 besonders weit aus dem Fenster gelehnt, als er für den amerikanischen Whistleblower die Weltgemeinschaft aufgefordert hat, ihm doch den Friedensnobelpreis zu überreichen. Natürlich würde das niemals in der Realität umgesetzt werden. Nichtsdestotrotz ist diese Aufforderung eine wesentliche, um Aufmerksamkeit für ein bestimmtes Thema zu kreieren. Er hätte auch sagen können, dass für die Leistungen von Edward Snowden ihm ein Orden oder Respekt gebühren. Mit der Aufforderung an die Weltgemeinschaft ihm den Friedensnobelpreis zu überreichen hat er sich durch die Medien

Aufmerksamkeit mit einer einzigen Aussage gesichert.

Christian Lindner

Der Parteivorsitzende der deutschen liberalen Partei, ist für seine ausgiebigen Reden und konkreten Aussagen auf europäischer Ebene einer der bekanntesten und emotionalsten Redner. Christian Lindner wird in der Regel immer wieder von Kontrahenten im deutschen Parlament angegriffen, sei es von der CDU, der SPD, der Linken oder gar der AFD. Dies hat ihn aber niemals zur Weißglut gebracht, sondern er hatte eine gewisse Methodik mit Kritik umzugehen, die die *"Lindner-Methode"* genannt wird. Wenn Sie beispielsweise aufgrund Ihres Aussehens oder Ihres Stiles kritisiert werden, reagieren Sie einfach nicht darauf. Christian Lindner verwendete immer wieder in rhetorischen Auseinandersetzungen die *"Kontrasthaltung"*, was nichts anderes ist als eine *„antipodische Wirkung"* bzw. das Gegenteil von dem, was man erwartet hat.

Christian Lindner entgegnet häufig Zurufen aus dem Parlament bzw. aus dem Landtag, die ihn kritisiert haben oder ihn in ein schlechtes Licht rücken wollten mit dem konkreten Wort “Bitte?”. Grundsätzlich macht einen dieses Wort nicht emotional stark. Nach so einem Wort würde man eine unterwürfige, devote Haltung vermuten. Die Wahrheit ist aber, dass aufgrund der unterwürfig scheinenden Aussage, eine noch stärkere, emotionale oder sogar kämpferische Haltung zum Vorschein kommt. Nachdem Christian Lindner also *“Bitte?”* sagte, ging er meistens in den Gegenangriff - denunziert das Argument. Genau das ist was man nicht von einem Redner erwartet, was Christian Lindner auch charakteristisch ausgemacht hat. Im Endeffekt bleibt nichts anderes übrig, als ihn für seine Kontrasthaltung zu bewundern, weil man von Anfang an dachte, er gehe in dem Argument unter. In der Tat blieb er aber nicht nur an der Oberfläche, sondern er dominierte sogar die Rede.

Angela Merkel

Unabhängig von ihrer politischen Einstellung und ihrer 16-jährigen Bundeskanzlerschaft ist Angela Merkel eine der erfolgreichsten Rhetorikerinnen, die Deutschland je gesehen hat. Auch wenn man mit ihr nicht einer Meinung ist, hat sie viele Eigenschaften und rhetorische Tricks nicht nur auswendig gelernt und in die Praxis umgesetzt, sondern sogar manifestiert. Eigene rhetorische Figuren wurden nach ihr benannt. Wir haben es also hier mit einer Expertin zu tun, die das Wort im Kopf des Rezipienten nicht nur erzeugen, sondern auch lenken kann. In der Neujahrsansprache von Angela Merkel im Jahr 2021, welches wesentlich vom Ausbruch der weltweiten Pandemie gekennzeichnet war, verwendete sie mehrere rhetorische Figuren. Beispielsweise sagte sie zu Beginn ihrer Rede, dass der Virus nicht nur in die Körper der Menschen, sondern auch in das Leben eingedrungen war. Ein Vergleich, der die emotionale und körperliche Verletzlichkeit der deutschen Nation angebracht hat und gleichzeitig auf emotionale Art und Weise die Leistungen der Bevölkerung gutgeheißen hat. Im darauffolgenden Element sprach sie von einer Durchhaltefähigkeitsformel, die die Deutschen im Kampf gegen das Virus eingesetzt haben. Sie lobte also nicht nur die Fähigkeiten ihrer Bürger, sondern motivierte diese auch weiter gegen das Virus zu kämpfen.

Ebenso bemerkenswert ist es, wie sie das Gemeinsame über das Trennende stellte. Sie hat immer wieder versucht vor allem in dieser schwierigen Pandemiesituation, in der sich Deutschland befindet, das Volk zu einigen. Diesen Trick können Sie sich auch abschauen, indem Sie versuchen, Ihr Publikum als eine homogene Masse zu etablieren, genauso wie es die Kanzlerin in ihren Neujahrsansprachen tut, wenn sie von "unser Deutschland" spricht. Jeder sieht sich gerne als Teil eines gemeinsamen Werkes.

Etwas was Angela Merkel immer wieder besonders stark kommunizieren konnte, war die Kombinationen aus emotionalen und inhaltlichen Werten.

Beispielsweise hat sie immer wieder an die emotionale Ebene des Publikums appelliert, während sie gleichzeitig auf rationale Argumente eingegangen ist. Wenn Sie diesen Spagat zwischen emotionalen und analytischen Argumenten schaffen, werden Sie das Publikum auf mehreren Ebenen gewinnen, ohne dass das Publikum Ihnen Antipathie entgegenwirft.

Wie Sie zu jedem Anlass eine passende Rede halten, ohne ins Dunkle zu tappen

Es gibt vier verschiedene Arten von Redetypen, die alle ihre eigenen Vorteile und Nachteile haben. Im Folgenden wird auf genau diese eingegangen:

- Die spontane Rede:

  Diese setzt eine gewisse Erfahrung beim Redner voraus. Anhand seiner bereits vorhandenen Praxis weiß er ganz genau, wie er seine Gedankengänge verkörpert. Er ist sich ziemlich sicher bei dem was er von sich gibt und lässt sich nicht leicht beirren. Dies setzt zudem eine gewisse Schlagfertigkeit voraus, denn er muss auch instinktiv auf kritische Fragen eine Antwort parat haben.

Vorteile:

Die spontane Rede bedarf keiner Vorbereitung, sondern spricht jegliche willkürliche Situation an, die auftretet. Auf den Gemütszustand des Zuhörers kann auch eingegangen werden. Es suggeriert zudem eine gewisse Professionalität; der Zuhörer nimmt mit Freude jedes Wort auf und lauscht gespannt.

Nachteile:

Wenn man nicht geübt ist, aus dem „Stegreif" heraus viel zu reden, sieht die Sache sehr problematisch aus. Zudem ist es auch nicht einfach, intuitiv eine Struktur in der Rede zu finden, da sie ja vorher nicht durchdacht wurde. Die Vorbereitungszeit fällt komplett weg. Dadurch kann man leicht in einen Irrgarten von Gedanken kommen, die nicht leicht zu formulieren sind. Dem Zuhörer wird automatisch langweilig und er verliert seine Aufmerksamkeit, da man sich so ständig wiederholt.

- <u>Die improvisierte Rede:</u>

  Sie ähnelt ein wenig der spontanen Rede, setzt aber eine gedankliche Gewissheit voraus. Die Gedankengänge werden in inhaltlichen Stichpunkten konzipiert, worin man sich in der ganzen Rede orientiert.

  Vorteile:

  Da die improvisierte Rede der spontanen Rede gleicht und sich nur anhand der stichpunkteartigen Gliederung unterscheidet, hat sie auch dieselben Vor- und Nachteile. Hinzu kommt aber, dass man der gedanklichen Abschweifung mit der Strukturierung der Rede entgegenwirkt. Man verfällt schwer in einem sogenannten Gedankenlabyrinth und ist auch besser gewappnet auf kritische Fragen oder inhaltliche Auseinandersetzungen.

Nachteile:

Es ist nicht leicht herauszuselektieren, welche Stichpunkte nun am relevantesten sind und welche nicht gut ankommen bzw. nicht von großer Bedeutung sind. Man ist zwar besser vorbereitet als bei einer spontanen Rede; die Garantie, dass ein Zuhörer von Ihrer Ansicht überzeugt sein wird, schwebt immer noch in den Wolken.

- <u>Die gut vorbereite Rede:</u>

  Hier wird nicht akut aus dem Stegreif geredet. Die Planung und die Vorbereitung im Vorhinein spielen eine zentrale Rolle. Die jeweilige Thematik wird ausführlich behandelt und erörtert. Es werden Gedanken darüber gemacht, wie das Fachwissen, die Haltung zum Thema oder das Ergebnis nähergebracht werden können. Diese werden dann auf Papier gebracht.

Vorteile:

Man fühlt sich relativ sicher, da man gut vorbereitet in die Rede geht. Die Rede selbst ist strukturiert und hat ein System. Es spielt auch keine Rolle, ob manche Redner vor einem drankommen, denn man ist aufgrund der selbst erarbeiteten Konzeptionierung relativ anpassungsfähig. Auf nicht planbare Ereignisse kann rasch eingegangen werden, Passagen aus der Rede können spontan gestrichen oder hinzugefügt werden. Auch auf die Bedürfnisse bzw. Gemüter der Zuseher kann somit schnell reagiert werden.

Nachteile:

Sie ist wesentlich besser als die spontane und improvisierte Rede und auch für die meisten Redner geeigneter. Sie bedarf nicht allzu langer Erfahrung, jedoch hat Sie im geringen Rahmen dasselbe Problem, da im Vorhinein nicht gewusst werden kann, welche Stichpunkte für spannend erachtet werden können.

- Die abgelesene Rede:

  Sie ähnelt der gut vorbereiteten Rede, wobei das Hauptaugenmerk auf das Ablesen des Textes liegt. Der gesamte Text muss nicht auswendig gelernt werden. Typisch sind solche Reden im Parlament, die im Vorhinein, meistens auch von einer anderen Person, vorbereitet und verschriftlicht werden. Der Redner liest den Text dann mit vollem Elan ab. Neben der Auseinandersetzung mit dem Thema bedarf es einer exzellenten Schilderung und Phrasierung der Rede auf das Blatt Papier. Hierbei muss im Vorhinein emphatisch in die Rolle des Redners geschlüpft werden und auf die Zuschauerreaktion basierend, die Rede erstellt werden.

Vorteile:
Da die Rede nur abgelesen werden muss, sollte darauf geachtet werden, dass das Skript auch mitgenommen wird. Die Rede hat von Anfang an eine Grundstruktur, wobei alles bis ins kleinste Detail durchgeplant ist.

Nachteile:
Es ist ziemlich schwierig schon im Vorhinein sich in die Lage des Zuhörers hineinzuversetzen. Wir kennen es von den Schulreferaten, wo meistens alles von den Spickzetteln abgelesen wurde. Das Verhältnis und der Bezug zum Zuhörer schwinden damit komplett. Zusätzlich fehlt die Vorbereitung auf ungeplante Ereignisse, wie Zwischendiskussionen oder Fragen aus dem Publikum.

Ihre Rede von Beginn bis zum Ende dominieren

Eine Rede besteht aus 3 Teilen, und zwar aus einer Einleitung, einem Hauptteil und dem Schluss. Damit die Rede einwandfrei wird, ist zu empfehlen, dass auf alle drei Bestandteile gleichermaßen Gewicht gelegt wird.

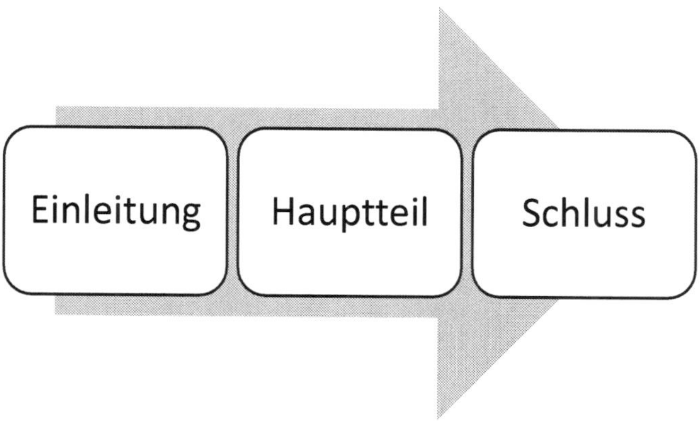

- Einleitung:

Bevor es überhaupt zum Beginn kommt, wird das Publikum mit einer Anrede begrüßt. Hierbei muss der Redner im Vorhinein schon wissen, aus welchen Personengruppen sich seine Zuhörerschaft zusammensetzt. Es ist nämlich ein Unterschied, ob er vor einer Schulklasse oder einer älteren Personengruppe steht. Im Regelfall wird angefangen mit: *"Sehr geehrte Damen und Herren ..."*. Zusätzlich kommt es darauf an, ob der Redner eine große Bindung zum Publikum aufbauen möchte oder eher auf Abstand getrimmt ist. Daher muss auch bedacht werden, dass die Anrede *"Meine sehr geehrten Damen und Herren"* nicht auf einer privaten Geburtstagsfeier, wo so gut wie nur Familienangehörige und Verwandte/Freunde anwesend sind, angemessen ist. Die Anrede sollte stets passend zur Situation und anhand des Publikums gewählt werden, da mit ihr auch alles von Anfang an vermasselt werden kann. Es besteht klarerweise auch die Möglichkeit, bei einer Rede in einer eher klein gehaltenen Gruppe, bestimmte Personen bei der Anrede schon mit ihren Namen anzusprechen. Dies wird die jeweiligen Personen nicht nur besonders erfreuen und geehrt fühlen lassen, sondern Sie haben garantiert die volle Aufmerksamkeit Ihrer Zuhörer. Bei formalen Zusammenkünften, wie Geschäftsmeetings, politische Treffen oder generell Feierlichkeiten, wo Gäste mit hohem Rang eingeladen sind, sollte über die Aneinanderreihung des exakten akademischen Titels erkundigt werden, um niemanden ungewollt zu diffamieren.

Die Einleitung stellt einerseits eine Verbindung zwischen Sprecher und dem Publikum her und andererseits gibt sie Aufschluss über seine Haltung zum jeweiligen Thema. Sie ist mitunter der wichtigste Part einer jeden Rede und darf auf keinen Fall unterschätzt werden. Sie hat die Aufgabe die Aufmerksamkeit des Zuhörers von Anfang an auf den Sprecher zu lenken. Sie können die Aufmerksamkeitsspanne eines Menschen genau wie mit der eines Goldfisches vergleichen - sie beträgt einige wenige Sekunden. Das soll auf keinen Fall beleidigend klingen, aber es ist nun mal so, dass wir Menschen von unzähligen Reizen um uns herum umgeben sind, was es noch schwieriger macht, uns auf eine einzige Sache voll und ganz zu fokussieren. Wenn Sie also nicht möchten, dass Ihre Zuhörer sich anderweitig beschäftigen, sondern genau Ihnen ihre volle Aufmerksamkeit für die gesamte Redezeit schenken, ist es unerlässlich, die ersten Sätze nach der Anrede so genial zu gestalten, sodass Sie jeden Zuhörer vom Sitzplatz umhauen. Überlegen Sie sich also gut, wie Sie die Rede einleiten, denn der erste Satz wird dafür ausschlaggebend sein, ob Sie im weiteren Verlauf der Rede erfolgreich sein werden oder nicht. Gerne können Sie sich auch etwas überlegen, was man normalerweise nicht sagt bzw. was ein jeder Zuhörer so nicht erwarten würde. Hier müssen Sie also nicht unbedingt mit dem Strom schwimmen, sondern können gerne jegliche Regeln brechen (unter Vorbehalt der Moral klarerweise).

Die ersten Sätze nach der Anrede würde ich mir besonders gut einprägen und auswendig lernen, um es ja nicht zu vermasseln. Ähnlich wie die Einleitung ist auch der Schlusssatz von besonders hoher Bedeutung, da der Mensch sich insbesondere das merkt, was zuletzt gesagt wurde, unabhängig davon was es war und wie wichtig es war. Den Schlussteil behandeln wir am Ende noch genauer. Wichtig noch zur Einleitung: Mit ihr müssen Sie das Thema dem Zuhörer schmackhaft machen. Ganz egal über was Sie nun sprechen werden, ob es eine Physik-Präsentation an der Universität ist, wo Sie über Atomkraftwerke sprechen, was so gut wie keinem, außer dem Professor selbst wahrscheinlich interessieren wird oder ob Sie als Schulsprecher kandidieren und Ihre Mitschüler davon überzeugen müssen, genau Sie zu wählen. Um hervorzustechen, würde ich also wie am Anfang erwähnt einen Eisbrecher benutzen - hier können Sie so kreativ sein. Was ich gerne manchmal mache ist, dass ich nach der Begrüßung in kurzen prägnanten Sätzen den Weg zur heutigen Präsentation erzähle, der so spannend war und die ganzen Stolpersteine, die mir im Laufe des Tages passiert sind.

Was ich vor einigen Jahren während meines Bachelorstudiums bei einer Germanistikpräsentation machte war wirklich genial. Ich musste über das Thema meiner Seminararbeit berichten "Literaturgeschichte 1848 bis zur heutigen Gegenwart" - und glauben Sie mir, etwas Langweiligeres haben Sie mit großer Sicherheit bestimmt nicht gehört. Genauso wie ich abgeneigt war, über dieses trockene und monotone Thema zu sprechen, waren es auch meine Mitstudenten, die sich so gut wie alle mit ihren Handys beschäftigten. Ich hatte sogar das Gefühl, dass ich die Spaßbremse des Tages war. Dies konnte ich natürlich nicht dabei belassen und statt mit einem mimosenhaften *" ... heute berichte ich euch über die Literaturgeschichte im 19 Jahrhundert etc."* zu beginnen, entschied ich mich einen komplett anderen Weg zu gehen. Einen Weg, den sich so gut wie kein "braver" Student erlauben und trauen würde zu gehen. Ich machte also sogleich alle Studenten und auch den Professor, der meine mündliche Arbeit benoten wird, darauf aufmerksam, dass ich eigentlich selber nicht allzu große Lust habe über dieses langweilige Thema zu reden. Schockiert starrten mich alle mit offenen Augen an. Nun hatte ich die volle Aufmerksamkeit von jedem Individuum im Seminarraum. Ich erklärte kurz und knapp, dass wir (die Studenten und ich) uns diesen Studiengang mit vollem Bewusstsein ausgesucht haben und dass es natürlich viel interessantere Fächer und Themen gibt. Ich fügte hinzu, dass obwohl mein Thema so uninteressant scheint, ich dennoch einen Weg gefunden habe, meinen Mitstudenten einen humanen Weg zu ebnen, sogar eine Bindung aufzubauen. Das ließ sich im Saal niemand zweimal sagen und nun schauten mir die nächsten 25 Minuten alle zu und wichen nicht von meiner PowerPoint-Präsentation mit ihren Augen ab. Jeder war gespannt darauf, ob ich das wirklich hinkriegen würde, dieses langweilige Thema zu beleuchten.

Natürlich hätte genauso alles in die Hose gehen können, wenn ich im Nachhinein nicht entsprechend geliefert hätte und Wort hielt. Meine Mitstudenten und auch mein Professor, der selbst fasziniert war von meiner Einleitung hatten Zweifel, ob hinter meinen Worten auch wirklich Taten folgten. Ich habe meine Präsentation selbstverständlich genauso konzipiert, um es sowohl einem Laien, als auch einen Desinteressierten spannend und humorvoll rüberzubringen. Auch mit der Art und Weise WIE ich sprach, zog ich meine Zuhörer in den Bann. Die Präsentation hätte komplett anders verlaufen können, wenn ich NICHT den allerersten Sätzen Wichtigkeit schenkte. Der Professor sprach mit mir nach dem Vortrag und beichtete mir, dass es die hervorragendste Präsentation war, die er in seinen 16 Jahren an der Universität hörte. Im Endeffekt begleitete er auch meine Bachelorarbeit, da er unbedingt mit mir zusammenarbeiten und mich benoten wollte - aber das ist eine andere Geschichte. Wichtig ist zu wissen, dass die ersten Sätze die wichtigsten Sätze der ganzen Rede sind, da man einen Bezug zum Zuhörer nimmt und sich in seine Lage hineinversetzt. Überlegen Sie sich beim Formulieren Ihres ersten Satzes, was ein Redner an Ihrer Stelle am Anfang sagen müsste, um IHRE Aufmerksamkeit im Laufe der gesamten Rede zu erlangen. So garantieren Sie, dass die Einleitung auch wirklich hinhaut, denn wenn Sie sich selbst zuhören würden, dann würden es die anderen mit großer Sicherheit auch. Zum Schluss möchte ich Ihnen gerne einige weitere Beispiele geben für Eisbrecher, damit Sie diese selbst in Ihren Reden integrieren und herausfinden können, was sich am besten für Sie eignet. Halten Sie die Spannung am besten bis zum Schluss.

Eisbrecher:

- **Der Beginn mit einem Zitat**: Hier ist die Aufmerksamkeit der Zuhörer Ihnen gewiss, da Sie sich über das Zitat Gedanken machen werden. Jedoch müssen Sie darauf achten, dass das Zitat einen Zusammenhang zu Ihrem Thema hat. Nehmen wir mal an, Sie halten eine Rede über die Kunst des Redens und eröffnen mit einem Zitat vom berühmten römischen Politiker und Philosoph Marcus Tullius Cicero: *"Reden lernt man nur durch Reden"*. Dann lassen Sie es kurz in den Köpfen der Zuhörer durchsickern, bevor Sie näher darauf eingehen.

- **Der Beginn mit einem persönlichen Ereignis**: Dieser Punkt wurde in diesem Kapitel kurz erwähnt. Zu fast jedem Thema lässt sich ein persönlicher Bezug herstellen. Nehmen wir an, Sie halten eine Rede darüber, wie sich die giftigen Inhaltsstoffe einer Zigarette auf die Gesundheit auswirken. Dann können Sie auf einer spannenden Art und Weise darüber berichten, mit welchen Methoden Sie es selbst geschafft haben mit dem Rauchen aufzuhören.

- **Der Beginn mit einer rhetorischen Frage**: Auf so eine Frage erwartet der Redner keine Antwort vom Zuhörer, sondern beantwortet seine eigene Frage entweder im Laufe des Vortrags oder sofort. Hierbei wird so gut wie jeder neugierig lauschen, da er mitbekommen möchte, was nun Sache ist. Nehmen wir an, Sie leiten ein Teammeeting, wo über das Arbeitsklima und der Umgang mit Kollegen gesprochen wird. Sie fangen Ihre kurze Rede an mit: *„Was glaubt Ihr, wie sauber wäre es im Personalraum, wenn jeder einzelne von uns, seine eigenen Sachen nicht liegen lässt, sondern für das Wohlergehen der ganzen Gruppe wegräumt?"*

- **Der Beginn mit einem Kompliment an die Zuhörer**: Dies sorgt für Heiterkeit und sorgt von Anfang an für eine schöne Atmosphäre. Es steigert das Wohlergehen der anwesenden Personen automatisch, da jeder Mensch es liebt, Komplimente zu bekommen. Nennen wir es die

“Umschlingungstaktik”, mit der Sie mithilfe Ihres angenehmen Wortes die Zuhörer in Ihren Bann ziehen. Nehmen wir an, Sie halten eine kurze Ansprache in einem Seniorenheim, wo sich die älteste Schicht unserer Gesellschaft aufhält. Da diese im alltäglichen Leben leider aufgrund ihres Alters enorm eingeschränkt sind, können sie wenig allein machen und haben somit einen nicht so abwechslungsreichen Tag. Sie ermuntern sie, indem Sie beispielsweise sagen: *“Sehr geehrte Damen, sehr geehrte Herren, einen herzlichen Applaus für die wunderschöne Brunhilde, die heute 86 Jahre jung geworden ist. Mit knackigen 86 fängt das Leben erst richtig an und wir wünschen ihr viele weitere lebhafte Jahre”*. Einem älteren Menschen das Gefühl zu geben, dass er jung ist und dass dieser keine Lebensfreude verlieren soll, wird ihn unendlich glücklich machen.

- Hauptteil:

Nachdem Sie es nun in exzellenter Art und Weise geschafft haben, die Aufmerksamkeit Ihrer Zuhörer zu ergattern, obliegt es Ihnen die Erwartungen der Zuhörer zu erfüllen. Was meine ich damit? Sie haben von Anfang an, egal welche Methode Sie gewählt haben, die Zuhörer auf Ihr Thema schmackhaft gemacht. Sie haben das geschafft, was die wenigsten schaffen. Nun müssen Sie aber hinter Ihren Worten stehen und wirklich liefern. Ansonsten wird ein jeder Zuhörer enttäuscht sein und meinen, dass es nur leeres Gerede von Ihrer Seite aus war. Sie können es also mit dem eigentlichen Teil der Rede auch richtig ruinieren, was wir aber auf gar keinen Fall möchten. Das Ziel ist es nun ein so gutes Skript zu haben (ob Sie die Rede ablesen oder auswendig lernen, bleibt selbstverständlich Ihnen überlassen), sodass Sie immer unvergessen in den Köpfen des Zuhörers bleiben.

Der Zuhörer muss immer wissen, in welchem Teil der Rede oder des Vortrages Sie sich gerade befinden und darf hier nicht im Dunkeln tappen. Das bringt ihn aus dem Konzept und bewirkt so nur das Gegenteil, was wir von einer sauberen Rede erwarten. Deshalb bedarf der Hauptteil einer tadellosen Struktur, die immer beibehalten werden soll, damit Gedankenabschweifungen beim Zuhörer verhindert und volle Konzentration garantiert werden können. Was Sie zusätzlich machen sollten ist, dass Sie nach der Einleitung direkt in kurzen und prägnanten Sätzen sagen, womit der Zuhörer im Laufe der Rede rechnen kann. Somit weiß er später immer, in welchem Teil der Rede er sich gerade befindet und kann Ihnen stets folgen. Dies können Sie auf der ersten Seite einer PowerPoint-Präsentation in kurzen Stichpunkten erläutern, falls Sie dieses technische Hilfsmittel zum Zwecke Ihres Vortrages nutzen.

Wenn Sie einen Vortrag über den 2. Weltkrieg halten, machen Sie auf keinen Fall folgenden Fehler: *"Heute erzähle ich euch über den 2 Weltkrieg. Mein Referat ist wie folgt gegliedert. Zuerst erzähle ich euch allgemein über den 2. Weltkrieg, dann warum er stattfand, dann welche Mächte daran teilnahmen, dann den Verlauf und dann, wie er endete ... ".*

So eine Gliederung ist stinkelangweilig und Sie bewirken genau das Gegenteil, was Sie mit Ihrem ersten Satz in der Einleitung erreichen wollten. Es fühlt sich so an, als ob Sie eigentlich gar keine Lust hätten zu referieren, sondern am liebsten zu Hause sein wollen würden. Wenn Sie also den Anschein erwecken, dass Sie als Referent keine Lust haben zu reden und sich für Ihr eigenes Thema nicht einmal selbst begeistern können - warum sollten dann die Zuhörer dies an Ihrer Stelle tun?

Was Sie stattdessen machen, nachdem Sie bei der Einleitung die Gunst Ihrer Zuhörer erlangt haben, ist es sie langfristig durch die gesamte Rede zu packen. Formulieren Sie es, wenn wir beim selben Thema bleiben, am besten so, damit ein wenig Begeisterung herrscht:

"Ich weiß, dass wir in der Schule dutzende Male den 2. Weltkrieg durchgemacht haben. Wussten Sie jedoch, dass es viele verschiedene Blickwinkel gibt, wie auf dieses Ereignis betrachtet werden kann? Heute gehen wir auf einen dieser Blickwinkel ein und ich verspreche euch jetzt schon vorab, dass ihr anschließend eure Meinung zu einem gewissen Thema komplett überdenken werdet. Davor werde ich aber rasch auf die Gründe eingehen, warum er überhaupt stattfand, welche Pakte geschlossen wurden und wer sich miteinander bekriegte. Achtung Spoiler, auch dieser Punkt ist besonders kontrovers, da es hier verschiedene Ansichten gibt, wer wen betrogen hat …"

Das hört sich schonmal um einiges besser an. Sie können es aber natürlich komplett anders formulieren. Hier können Sie Ihrer Kreativität freien Lauf lassen.

Trauen Sie sich ebenso gegen den Strom zu schwimmen und probieren Sie neue Methoden aus, von denen Sie in diesem Werk noch zahlreiche kennen lernen werden. Sie möchten hervorstechen und in Erinnerung bleiben.

Deshalb müssen Sie auch etwas komplett anderes machen als das, was normalerweise erwartet wird. Es ist nun mal so, dass bei so ziemlich jedem Referat in der Schule, Präsentation an der Universität, Vortrag in der Arbeit oder sonst wo, gähnende Leere in 90% der Zuhörer herrscht. Wenn dem nicht so wäre, warum haben sogar einige Politiker im Parlament während einer Rede eines Kollegen das Handy in der Hand und spielen damit, versenden Nachrichten oder beschäftigen sich komplett anderweitig? Sie sind doch die Vertreter des Volkes, bekommen eine hohe Besoldung - dann ist es das Mindeste, dass diese Politiker sich die Reden ihrer Kollegen auch wirklich anhören. Im Alltagsleben schaut es auch nicht anders aus. Auch hier ist es meistens so, dass man von seiner

Umgebung oder seinem Publikum meist nicht die gewünschte Aufmerksamkeit erhält.

Meiner Ansicht nach liegt der Fehler in erster Linie beim Vortragenden selbst, denn dieser hat es in der Hand, ob ihm zugehört wird oder nicht. Es ist seine Aufgabe zu gewährleisten, dass das Gesprochene auch beim Zuhörer tatsächlich ankommt. Es sind einfache und logische Dinge, die es zu ändern gibt, um dies zu erreichen.

Wichtig zu wissen ist, dass Sie die Gliederung nicht nur derart spannend machen müssen, sondern auch im Vorhinein nicht alles verraten dürfen. Im Laufe der Rede soll der Zuhörer mit wichtigen Informationen gefüttert werden, indem er mit gespitzten Ohren zuhört. Was ich auch gerne mache ist, dass ich eine kurze, spannende Tatsache erwähne, die ich aber erst am Ende der Rede erklären möchte. Dieser Hack bindet den Zuhörer an den Vortrag, da dieser endlich wissen möchte, worauf Sie hinauswollten. Somit bleibt eine gewisse Spannung bis zum Ende bestehen.

Damit Sie aber selbst nicht im Dunkeln tappen, ist es von enormer Wichtigkeit, dass Sie sich mindestens drei, aber nicht mehr als fünf Fragen vorführen, was Sie mit Ihrer Rede bezwecken wollen. Sehen Sie diese Fragen als das Fundament Ihrer Rede an. Sind diese nicht vorhanden, so stürzt sinnbildlich Ihre Rede ab. Die wichtigste Frage, die sich ein jeder Redner stellen sollte, ist, was das Ziel der Rede ist? Daneben sollten Gedanken über folgende Fragestellungen gemacht werden: Was möchten Sie mit Ihrer Rede bezwecken? Möchten Sie Ihr Publikum zum Umdenken verleiten? Was ist das eine Learning, was jeder Zuhörer mit nach Hause nehmen muss?

Setzen Sie sich gemeinsam mit Ihren Zuhörern mit dem Thema auseinander. Sie erklären den Sachverhalt so, dass jeder im Raum denkt, er wäre Teil des Geschehens bzw. des Vortrags. Sie geben eine

Übersicht über die Lage und geben Ihre Untersuchungspunkte preis. Somit haben Sie Ihre Ansichten offengelegt, womit natürlich nicht jeder zufrieden sein muss. Sie erläutern nun Ihren Standpunkt und erklären, wie Sie darauf gekommen sind. Falls es eine Meinungsrede ist, dann stellen Sie natürlich Pro- und Contra-Argumente gegenüber. Auf Meinungen oder Sichtweisen, die Ihre nicht untermauern gehen Sie ebenfalls ein. Sie begründen sachlich Ihre Meinung und geben zusätzlich etwaige Lösungsvorschläge. Vergessen Sie nicht, dass Sie immer den roten Faden beibehalten müssen, denn sonst wird das Ganze nach hinten losgehen. Der Zuhörer soll sich auf jeden Fall angesprochen fühlen, indem Sie eine Bindung zu ihm aufbauen und ihn als Teil des Konzepts betrachten. Genau während dem Hauptteil ist es von hoher Wichtigkeit, dass Sie nicht nur Ich-bezogen reden, sondern wenn möglich auch das Publikum miteinbeziehen. Ein gewisses Maß an Entertainment ist auch unerlässlich, um Ihr Publikum in Ihren Bann zu ziehen. Ihre Zuhörerschaft möchte unterhalten werden und nicht bei einer monotonen Rede einschlafen. Sie müssen den Zuhörer auf eine Art Gedankenreise mitnehmen, indem Sie beispielsweise sagen *"Versetzen Sie sich mal in der und jener Lage ..."* oder *"Haben Sie sich schon Mal Gedanken über ... gemacht?"*. Der Hauptteil kann gerne in eine Art Gespräch abgehalten werden, obwohl der Zuhörer nicht aktiv antwortet, sondern in sich selbst geht und sich im Kopf mit der Thematik auseinandersetzt. Zusätzlich können Sie gewisse Fragen aufwerfen und den Zuhörer dazu motivieren, sich Gedanken, um eine bestimmte Sache zu machen. Auch wenn er nicht wollen würde, wird er es sodann automatisch tun, da er sich sonst in einem Gedankenkarussell befindet.

- Schluss:

Wenn Sie sich genügend ausgetobt und alles dargelegt haben, kommen sie langsam zum Schlussteil. Die meisten Referenten haben nicht einmal einen Abschluss in Ihrer Rede integriert. Sie verabschieden sich nur mit kleinlauten Worten und verlassen direkt den Vortragsraum. Dabei wird das Publikum einer potenziellen Fragerunde bzw. Diskussionsrunde beraubt. Aus diesem Grund müssen Sie es anders machen!

Der Schluss bedarf einer kleinen Vorbereitung, da er effektiv sein muss. Sie kennen womöglich das Zitat: “*Nur etwas was endet, hat einen Schluss*”. Ein Anfängerfehler der häufig am Ende vieler Präsentationen gemacht wird ist, dass man zu schnell zum Schluss kommen möchte, ohne den Zuhörer darauf zu bahnen. Es soll Ihnen gesagt sein, dass Sie mit einem katastrophalen Schlusswort bzw. gar keinem Schlusswort Ihre Rede ruinieren können, obwohl die Rede gut eingeleitet wurde und schön geschmückt war. Die Nachwirkung ist immens, da der Mensch oftmals sich nur jenes merkt, was am Ende passiert, unabhängig davon, wie der Anfang war. Sie kennen auch noch wahrscheinlich das Sprichwort, wenn man einer Person hundert gute Dinge angetan hat, der Eindruck, nur durch eine schlechte Tat zunichte gemacht werden kann. Die großartige Beziehung, die davor bestand, wird innerhalb von Sekunden zunichte gemacht, nur aufgrund einer unüberlegten Handlung. Beachten Sie daher genau diesen Fehler, lernen Sie daraus und vermeiden Sie ihn.

Abhängig davon, wie lang Ihre Rede ist, ob nun eine fünfminütige Kurzrede oder eine Sprechzeit von über einer halben Stunde, sollten Sie in konzentrierter Form das Ziel der Rede wiedergeben, sodass es auch in den Köpfen der Menschen hängen bleibt. Dies soll dazu führen, dass die Menschen, wenn sie den Raum verlassen haben, sich weiterhin Gedanken über das Gesagte machen. Wenn Sie noch einen Schritt weiter gehen möchten, schaffen Sie es, den Inhalt so spannend rüberzubringen, sodass die Zuhörer nach der Rede nicht nur in ihren Köpfen darüber nachdenken, sondern auch miteinander darüber reden. Dann haben Sie die Königsdisziplin erreicht, denn dies schaffen mit viel Übung und jahrelanger Erfahrung die wenigsten Redner. Sie haben einen bestimmten Nerv der Zuhörer getroffen, der sie nicht loslässt und sie nicht anders können als "Mundpropaganda" zu betreiben.

Wie beenden Sie nun Ihre Rede, ohne dass die anderen denken, Sie hätten es eilig und wären am liebsten nicht einmal anwesend? Zuerst müssen Sie verständlich machen, dass die Rede nun zum Ende kommt, jedoch ohne es groß zu plakatieren *"Liebe Zuhörer, wir sind langsam am Ende angelangt"*. Sie können die Rede beenden, indem Sie beispielsweise die Zuhörer zu gewissen Taten bewegen möchten. Somit geben Sie jedem etwas mit und dies sorgt erst recht dafür, dass Sie in den Köpfen der Menschen hängen bleiben, da diese sich mit Ihrem Thema weiterhin beschäftigen werden. Sie können es als eine Art von "Denkaufgabe" betrachten. Auch können Sie kurz und prägnant die Stichpunkte Ihrer Rede noch einmal zusammenfassen, um das Wissen aufzufrischen. Denn je öfter etwas erwähnt wird, desto höher ist die Wahrscheinlichkeit, dass die Informationen aufgenommen und verinnerlicht werden. Genauso wie Sie die Möglichkeit haben Ihre Einleitung mit einem Zitat anfangen zu lassen, können Sie das Ende ebenfalls mit einem Zitat ausklingen lassen. Es hat dieselbe Wirkung, wie wenn Sie es am Anfang anwenden würden, denn ein Zitat verleitet einen automatisch zum Nachdenken. Achten Sie aber darauf, dass Sie nicht mit Zitaten um sich werfen, sondern entscheiden Sie sich, ob Sie ein zum Thema passendes Zitat, am Anfang oder am Ende einer Rede integrieren möchten.

Wenn Sie beispielsweise am Anfang einer Rede über die Vergangenheit sprechen - nehmen wir zur Veranschaulichung das Thema “Klimaschutz” - würden Sie klarerweise im Laufe der Rede also im Hauptteil über das Klima der heutigen Zeit sprechen. Nun können Sie beim Abschluss der Rede an die Zukunft appellieren, dass ein jeder das Zeug dazu hat und dazu beiträgt, das Klima und unsere Erde positiv zu beeinflussen. Auch ein taktisch kluges Beispiel, wie Sie Ihre Rede bis zum Schluss gliedern können - was ich Ihnen aber nach mehrmaligem Üben empfehle, ist folgendes: Starten Sie die Rede mit einer These bzw. stellen Sie eine Behauptung auf und lassen Sie diese erst einmal bei den Zuhörern einsickern. Sie erläutern jene Behauptung und stellen genau die gegenteilige Behauptung auf. Auf diese Behauptung gehen Sie sodann auch ein und zum Schluss komprimieren Sie wie ein Meister beide Behauptungen zu einer Synthese. Diese vereint beide Behauptungen und macht sie zu einer viel mächtigeren Vollendung.

Beispiel:

These → Der Schlüssel, um eine hohe Anzahl an Produkten an so viele Kunden wie möglich zu verkaufen ist es, ein hammermäßiges Produkt auf dem Markt zu bringen, dass aufgrund ihrer Eigenschaften, mit keinem der Konkurrenzprodukte verglichen werden kann.

Antithese → Die Kunst, WIE man verkauft und die Verkaufsargumente sind ausschlaggebend dafür, wie hoch der Umsatz im Endeffekt sein wird.

Synthese → Sowohl ein unvergleichbares Produkt als auch das Marketing sind die zwei Komponenten, die BEIDE unerlässlich sind, um erfolgreich das Produkt an den Mann zu bringen. Lässt man das eine aus und konzentriert sich nur auf das andere, wird es früher oder später den Untergang des jeweiligen Produktes bedeuten.

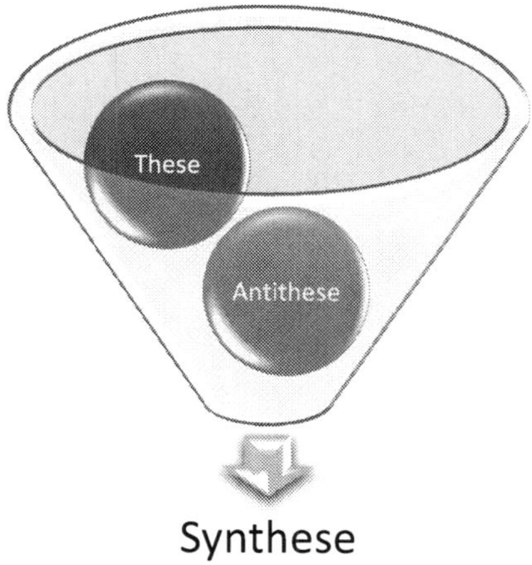

Nutzen Sie folgende 9 Strategien, um eine tadellose Durchführung Ihres Vortrages zu gewährleisten

Wer eine Rede konzipiert, muss sich bereits beim Verfassen der Rede Gedanken darüber machen, welche Auswirkung er auf die Zuhörer haben möchte. Seine Worte und Argumentationsstruktur wählt er genauestens aus. Sie reden zwar zu allen Zuhörern, ganz egal wie viele es sind, sehen aber alle eine Art Einzelperson an, mit der Sie ein Gespräch führen. So fällt es Ihnen leichter Ihre Standpunkte und Inhalte rüberzubringen, sind wesentlich entspannter und die Zuhörer entwickeln eine Sympathie zu Ihnen. Dies wird sich auch auf deren Stimmung und Meinung über Sie auswirken, da man eine Person, die man mag, besser bewertet als jemanden der unsympathisch rüberkommt. Auch werden die Zuschauer automatisch in Ihren Bann gezogen und fühlen, denken und reden mit. Sie fungieren als Motivator der anderen. Sie versetzen Ihre Zuhörer absichtlich in diese Stimmung, auch wenn es nur künstlich ist. Die Hauptsache ist, dass sie fühlen, dass Sie selbst über Ihr Thema fasziniert sind und nahezu damit verschmelzen. Wenn Sie eine Flamme in die Herzen der Menschen entfachen wollen, können Sie das nur, wenn Sie selbst vor Hitze glühen. Nur wenn Sie zu 100% hinter dem stehen können, was Sie sagen, wird man Ihnen auch gerne zuhören. Keiner hat Lust irgendwem zuzuhören, der selbst nicht einmal von dem was er von sich gibt, überzeugt ist. Diese Überzeugung ist hoch ansteckend und wirkt sich automatisch positiv auf die Gefühle der Menschen aus.

Lernen Sie nun mithilfe der folgenden 9 Strategien, worauf es wirklich ankommt. Am besten ist es, wenn Sie alle Strategien für sich ausprobieren und die für Sie am geeignetsten perfektionieren. Anhand dieser Hacks können Sie die Zuhörerschaft mit Ihren Worten führen.

Die 9 Strategien der berühmtesten Redekünstler:

- **Umschlingungstaktik**: Sie machen einer bestimmten Person aus dem Raum ein Kompliment oder sprechen einen Dank aus. Das sorgt dafür, dass diese sich geehrt fühlt und die anderen Personen eine positivere Haltung Ihnen gegenüber haben.

- **Bestimmungstaktik**: Sofern Sie die soziale Bewährtheit kennen, dann wissen Sie bestimmt wie effektiv diese Technik ist. Falls Sie es nicht tun, dann werde ich Ihnen diese Taktik anhand eines simplen Beispiels näherbringen: *„Da Sie meinen Aussagen keinen Glauben schenken, empfehle ich Ihnen die Werke von Herrn Professor Dr. Kropik durchzulesen. Danach werden Sie bestimmt Ihre Meinung ändern."*

- **Heiligenscheintaktik**: Diese Technik kann und soll angewendet werden, sofern Sie ein direktes Gespräch mit einem Experten in dessen Fachgebiet geführt haben. Aber auch, wenn nicht, können Sie sich eine fiktive Person erfinden, um Ihre Aussage zu bekräftigen. Zukünftig können Sie dann sagen: *„Vor kurzem tauschten der Finanzexperte Wolfgang und ich unsere Gedanken über die aktuelle Marktsituation der Kryptowährungen aus. Ich habe meine Meinung kundgetan und er war fasziniert."*

- **Vorführtaktik**: Die Methode, die Sie hier anwenden besteht aus dem Vorführen Ihres Gegenübers und sollte daher mit Vorsicht genossen werden. Sie findet nur Anwendung in Debattierwettbewerben.
- **Bausteintaktik**: Bei der Bausteintaktik möchte man alles bis auf das kleinste Detail wissen. Es kann sein, dass Ihr Gesprächspartner ein innovatives Geschäftsmodell entwickelt hat,

jedoch keine konkreten Ideen besitzt, wie das Ziel zu erreichen ist. Das Gespräch könnte von Ihrer Seite folgendermaßen aufgebaut sein: *„Lieber Peter, du hast ein erstklassiges Geschäftsmodell entwickelt. Ich hoffe du hast eine genauso brillante Strategie, wie diese zu realisieren ist."*

- **Indirekte Angriffstaktik**: Bestimmt haben Sie schon mal von der indirekten Angriffstaktik gehört bzw. diese unbewusst angewandt. Ihr Freund sagt Ihnen, dass Sie abnehmen sollen. Doch Sie finden an Ihrer Figur nichts auszusetzen. Daher können Sie folgendermaßen kontern: *„Danke, dass du auf mich schaust. Kannst du vielleicht mit dem Abnehmen bei dir selbst anfangen?"*

- **Do-it-yourself-Taktik**: Diese Technik weist Ähnlichkeiten zur indirekten Angriffstaktik auf, jedoch gibt es hier einen kleinen, aber feinen Unterschied. Die Abweichung liegt darin, dass Sie Ihr Gegenüber direkt kontern: *„Ich habe Ihre*

Anregung zur Kenntnis genommen. Am besten lassen Sie nach Ihren Worten auch Taten folgen.“

- **Wiederkehrtaktik**: Die Wiederkehrtaktik eignet sich für die finanzielle Anschaffung von Wertgegenständen besonders gut. Ganz egal, ob auf der Arbeit oder bei Ihnen zu Hause. Nehmen wir an, Sie möchten von Ihrem Arbeitgeber ein (neues) ergonomisches Bürostuhl für Ihren Arbeitsplatz zur Verfügung gestellt bekommen. Dann sollten Sie folgendes im Dialog zu Wort bringen: *„Da die meisten immer Rückenschmerzen bekommen in der Arbeit und auch die Arbeitsleistung aller gesunken ist, muss diese Anschaffung als nötige Investition angesehen werden, damit die Produktivität gesteigert und parallel eine perfekte Unterstützung der Rückenmuskulatur gewährleistet wird.“*

- **Alphataktik**: Die Alphataktik wird nur von sehr selbstsicheren Rednern angewendet. Wenn Ihr

Kontrahent eine Aussage zu einer Ihrer Schwächen bzw. zu einem Makel abgibt, dann drehen Sie den Spies um und wandeln genau diese Schwäche in eine Stärke um.

„Sie sagen zwar, dass ich nichts mache und faul bin. Doch Sie wissen nicht, dass ich in der Verborgenheit arbeite und nur meine Erfolge für mich sprechen lasse.“

Beherzigen Sie folgende Ratschläge, um Ihre Präsentation einzigartig zu gestalten

- **Mimik und Gestik:**

Damit Sie der Monotonie entgehen, untermauern Sie das Gesagte auch mit Ihrer Körpersprache. Der Mimik unterstellt sind jegliche Veränderungen von Gesichtszügen, wobei die Gestik auf den Körper bezogen ist - daher das Gestikulieren mit den Armen. Diese gehören zur nonverbalen Kommunikation, die Sie unbedingt in jeder Ihrer Vorträge und auch in normalen Gesprächen integrieren müssen. Niemand redet gerne mit einem Baum, deshalb besitzen wir Menschen auch die Körpersprache, da wir lebendig sind. Normalerweise passiert dies unbewusst und wird automatisch gesteuert. Die Mimik und Gestik können auch selbst nach Belieben gelenkt werden, was natürlich eine höhere Konzentration erfordert. Durch die willentliche Unterstützung der Körpersprache können bestimmte Thesen gefestigt werden. Eine Rede, die von Grund auf schlecht ist, kann klarerweise nicht allein mittels Körpersprache verbessert werden. Jedoch wird eine gute Rede durch die Verwendung von Mimik und Gestik lebhafter und viel besser. Es soll genauso vermieden werden, die Arme verschränkt oder hinter den Rücken zu halten. Dies signalisiert Unsicherheit, sowie eine verschlossene Körperhaltung. Im Gegenteil dazu sollten Sie zu einer offenen und einladenden Körperhaltung tendieren. Natürlich wird Sie keiner peinigen, wenn Sie für ein paar Sekunden im Laufe der Rede Ihre Hände in der Hosentasche lassen. Nichtsdestotrotz steht die komplette Haltung im Vordergrund und darauf sollten Sie besonders achten.

- **Blickkontakt:**

Sie müssen nicht permanent jedem Zuhörer oder einem gewissen Zuhörer in die Augen starren, ohne zu blinzeln. Das schreckt ab und ist um ehrlich zu sein auch merkwürdig. Sie haben zwei Vorteile, wenn Sie einen gewissen Blickkontakt zu Ihren Zuhörern halten. Einerseits sagen deren Augen einiges aus, und zwar, ob sie Ihnen interessiert zuhören, oder ob sie gedanklich auf den Bahamas sind und Ihren nächsten Urlaub planen. Andererseits sprechen Sie sie, mit dem Blick in die Augen direkt an. Es heißt nicht umsonst, dass die Augen das Tor zur Seele sind. Wenn Sie schüchtern sind und Schwierigkeiten haben, aktiv Blickkontakt während der gesamten Rede zu bewahren oder mit der Gesamtsituation nicht klarkommen und stattdessen nur auf Ihre Notizen bzw. auf den Boden starren, dann sollten Sie sich die nächsten Zeilen mit voller Konzentration durchlesen. Sie bekommen nun einen praxistauglichen Hack, der sehr einfach zum Üben sein wird. Es hört sich zwar einfach an - was es auch ist - aber ist genauso wirkungsvoll. Sie müssen es nur ausprobiert haben und immer wieder üben. Wählen Sie sich von allen Zuschauern genau eine Person aus, die Ihnen vertraut und angenehm erscheint. Sie richten sodann Ihre volle Aufmerksamkeit auf diese eine Person, natürlich ohne, dass sie das Gefühl bekommt, von Ihnen gestalkt zu werden. Des Weiteren ohne, dass die restlichen Zuhörer denken, dass Sie den Vortrag nur für diese eine Person halten. Wenn Sie sich nun sicher fühlen und in einen gewissen "Flow" gekommen sind, dann richten Sie Ihre Augen langsam zu den Menschen rund um diese Person, bis Sie den gesamten Raum im Blick haben. Mit dieser einfachen Technik vermeiden Sie erstens, wie ein schüchterner kleiner Junge die ganze Zeit auf den Boden zu starren und andererseits erlernen Sie Schritt für Schritt, wie Sie mit Ihren Mitmenschen Blickkontakt halten, während Sie sprechen. Ein weiterer positiver Effekt noch ganz am Rande: Zusätzlich ist es so, wenn jemand das Gefühl hat, angestarrt zu werden, fühlt diese Person sich unterbewusst dazu verpflichtet Ihnen aktiv zuzuhören.

- **Behauptungen begründen:**

Es ist relativ einfach eine Behauptung aufzustellen, aber schwieriger ist es diese zu begründen. Die Zuhörer erwarten regelrecht, dass jede Behauptung, die in den Raum geworfen wird, auch erörtert werden muss. Nehmen wir mal an, Sie diskutieren in der Universität über das lockere Waffengesetz in den Vereinigten Staaten, wo die Beschaffung einer Waffe ein leichtes ist und somit ein Großteil der Bevölkerung in deren Häusern Waffen besitzen. Sie sind dafür, dass das Waffengesetz um einiges verschärft werden soll, beispielsweise genauso wie hier in Deutschland oder Österreich, wo es viele Hürden zu überwinden gibt, um nur an eine kleine Pistole ranzukommen. Die Skeptiker unter den Zuhörern, die Ihnen überhaupt nicht zustimmen, werden mit Ihnen nicht einverstanden sein. Das Mindeste was Sie tun sollten ist es, Ihre Position mit einer Erklärung zu untermauern. Sie sagen zum Beispiel:

"Auf den Straßen der USA gibt es tagtäglich Schießereien und Amokläufe, die meistens mit halbautomatischen Waffen verursacht werden. Diese sind für Leib und Leben der Bevölkerung derart gefährlich, dass es jährlich ein Dutzend Menschenleben kostet. Sehr oft sind Menschen aber auch kleine unschuldige Kinder in den Schießereien verwickelt. Wenn jemand meint, er würde sich bewaffnen wollen, aufgrund seiner eigenen Sicherheit, gefährdet er aber damit den Rest der Gesellschaft. Außerdem gibt es andere Wege, um sich selbst zu verteidigen. Hierfür bedarf es keiner eigenen Waffe. Außerdem, wovor haben die Befürworter so viel Angst, dass sie sich bis auf die Zähne derart bewaffnen? Legt doch alle die Waffen nieder und lasst uns in Frieden zusammenleben!".

- **Entertainment, Entertainment und nochmal Entertainment:**

Menschen lieben es unterhalten zu werden. Es geht sogar derart ins Extreme, dass bei den meisten

Menschen die Unterhaltung über alles steht. Wie ich das meine, erkläre ich Ihnen jetzt. Sie kennen es wahrscheinlich selbst. Viele Menschen, die knapp bei Kasse sind, kaufen sich nicht die Dinge, die sie eigentlich brauchen, wie gesunde Nahrungsmittel. Im Gegenteil, obwohl sie es sich eigentlich nicht leisten könnten, rauchen sie eine Schachtel Zigaretten am Tag und haben zusätzlich einen Netflix Account. Anstatt, dass diese in sich selbst investieren sollten, wie in Form einer Ausbildung, gesunder Ernährung und dergleichen. Ihr Geld verpulvern sie jedoch in erster Linie, in Produkte und Dienstleistungen, die „Spaß" machen und unterhalten. Entertainment steht also bei den meisten Menschen sehr weit oben. Ich weiß, dass wenn Sie Ihre Seminararbeit beispielsweise referieren, Sie sich nicht als Entertainer sehen würden. Was ich aber damit meine ist, dass Sie außerhalb der Box, in der die meisten Menschen drinnen sind, schauen sollen. Machen Sie es genau anders, als die meisten und fallen Sie gerne auf. Fallen Sie auf rhetorischer Ebene auf, um die Gunst Ihrer Zuhörer zu erlangen.

Zumindest müssen Sie es schaffen, dass die meisten Ihnen bis zum Ende zuhören.

- **Den Zuhörer auf eine Gedankenreise bringen:**

Natürlich müssen Sie nicht wie ein Therapeut, der noch ätherische Öle benutzt den Zuhörer in eine neue Gedankenwelt bringen. Damit ist gemeint, dass wenn Sie im Hauptteil angelangt sind, Ihr Thema derart rüberbringen, dass der Zuhörer gedanklich bei Ihnen ist. Bei einer Einweihungsrede, Geburtstags-, Jubiläums-, Vereins-, Betriebs- oder Hochzeitsrede beziehen Sie die Zuhörer mit ein. Das können Sie am besten mit den Sätzen: *"Stellen Sie sich vor ... "* oder *"Was würden Sie an ... Stelle tun?"*. Auch Fragen, mit der sich die Zuhörer in den eigenen Köpfen befassen sollen, dürfen ebenso nicht fehlen.

- *"Wollen Sie auch wirklich sagen, dass ...?"*
- *"Sind Sie nicht auch der Meinung, dass ...?"*
- *"Gibt es sonst eine andere Möglichkeit, an diese Sache heranzugehen?"*

- *"Bewerten Sie auf einer Skala von 1 - 10 ..."*
- *"Wenn Sie hier statt mir stehen würden, was würden Sie diesbezüglich sagen .... ?"*
- *"Wenn wir dies nun verändern möchten, was können wir gemeinsam tun, um ...?"*
- *"Haben Sie schon vergessen, dass ...?"*
- *"Das sollte man sich doch mal auf der Zunge zergehen lassen, oder ...?"*

- **Das Analysieren der Zuschauer:**

Bevor Sie sich aber überhaupt mit Ihrer Rede beschäftigen, müssen Sie herausfinden vor wem Sie sprechen werden. Das ist deshalb so wichtig, weil es sich im speziellen auf die Art der Redewendungen auswirkt. Wenn Sie wissen, dass Sie vor einer älteren Zuhörerschaft stehen oder in der Universität vor mehreren Vorsitzenden, dann wählen Sie klarerweise eine formale Sprache aus. Wenn Sie aber eine Kurzrede vor Freunden bei einem Junggesellenabschied halten, wo die Stimmung eine ganze andere ist, hat das Formale an dieser Stelle sicher nichts zu suchen. Es macht auch einen Unterschied, ob Sie gewisse Stilmittel verwenden möchten oder nicht. Doch der allerwichtigste Punkt, warum Sie schon im Vorhinein wissen müssen vor wem Sie sprechen ist, damit Sie schon im Vorfeld einen Bezugspunkt zum Zuhörer finden. Nachdem Sie das Publikum kennen, wird es sehr viel einfacher sein, diese auf eine Gedankenreise mitzunehmen. Dies bedingt jedoch, dass Sie vor Ihrer Rede die Zuhörerschaft kennen müssen. Die Zielgruppe soll also festgelegt werden, bevor Sie die Rede konzipieren.

Beachten Sie die gängigsten Fehler der Rhetorik, die so gut wie jeder macht

Wie Sie bereits wissen, gibt es sehr viele Fehler, die man während einer Rede machen kann. Ich werde hier einige weitere Punkte erwähnen, wo ich finde, dass es die gängigsten sind und bestimmt jeder von uns einen dieser Fauxpas begangen hat. Sie schauen "outside of the box" und sehen sich nicht als den 0815 Redner.

Zum einen kann es passieren, dass Sie keine **Bilder in den Köpfen** der Zuhörer erzeugen. Es ist von hoher Wichtigkeit, so gut es geht den Zuhörer auf eine Gedankenreise mitzunehmen, damit dieser mitfühlt, mitdenkt und sich als Teil eines großen Ganzen sieht. An was denken Sie zum Beispiel, wenn ich Ihnen nur die zwei Wörter "Porsche" und "Malediven" nenne? Sie denken natürlich nicht nur an ein vierrädriges Auto, das einen von A nach B bringt, sondern assoziieren den Porsche mit Erfolg, Geld, Sportlichkeit, Coolness, Schnelligkeit und vieles mehr. Mit den Malediven assoziieren Sie, obwohl Sie vielleicht nicht einmal dort waren, automatisch einen schönen Strand, Sonne, Wärme, Entspannung und fruchtig kalte Getränke. Die Werbeindustrie spielt die ganze Zeit mit unseren Emotionen. Sie meinen es bestimmt nicht böse, denn wie jeder Verkäufer, möchte Sie nur verkaufen und Sie machen das auf eine sehr kluge Art und Weise. Überlegen Sie sich selbst, egal zu welchem Thema Sie referieren, welche Worte gewisse Verbindungen herstellen können und integrieren Sie diese unbedingt in Ihre Rede ein. Jeder kann Ihnen dann wesentlich besser folgen und Sie machen den Zuhörer Wortwörtlich "hungrig" auf das, was Sie als nächstes sagen möchten.

Es hat keine Wirkung, wenn Sie eine souveräne Körpersprache an den Tag legen, jedoch Ihre **Stimme** sich wie ein piepsendes Geräusch anhört. Die meisten Menschen tendieren dazu viel zu leise zu sprechen, wenn diese vor einer größeren Menschenmasse stehen, was auch sehr mit der Nervosität verknüpft ist. Was bringt aber eine sehr gut konzipierte Rede mit gutem Inhalt, wenn die meisten Menschen sowieso gar nicht zuhören? Deshalb sollten Sie von Anfang an checken, ob Sie auch Probleme mit Ihrer Tonalität haben. Falls ja, dann lässt sich dieses Problem ganz leicht aus der Welt schaffen. Entweder Sie sprechen einfach bewusst viel lauter oder Sie haben wirklich ein Problem lauter zu reden, wofür ich eine kleine Übung für Sie parat habe.

Stellen Sie sich gerade hin und berühren Sie dabei Ihr Zwerchfellbereich mit der Hand. Während Sie ein - und ausatmen, kontrollieren Sie aktiv Ihre Atmung, indem Zähne und Lippen zusammendrücken. Atmen Sie ein „fff“ aus, sodass Sie ihren Atem exakt auspusten. Damit Ihnen nicht übel wird, machen Sie das einige Male mit Zwischenpausen. Nachdem Sie das gemacht haben, stellen Sie sich vor, wie Sie eine Geburtstagstorte mit Ihrem „fff" auspusten. Dieser Vorgang wird auch einige Male durchgezogen, mit einigen Abständen dazwischen. In diesem Fall müssen Sie nicht mehr tief ein- und ausatmen. Sie legen dann eine kurze Pause ein und sagen das Wort „hopp", indem Sie die zwei letzten Buchstaben kräftiger aussprechen. Wenn Sie es nun geschafft haben etwas lauter und tiefer zu reden, dann haben Sie die Übung gemeistert. Eine lautere Stimme kann man sich dadurch antrainieren. Sie kennen vielleicht das Sprichwort *„Der redet vom Bauch heraus"*.

Was die meisten nicht leiden können ist es, wenn man unzählige Sätze braucht, um überhaupt **auf den Punkt zu kommen**. Der Vortragende redet wie ein Wasserfall, um einen Sachverhalt zu erklären, wobei es auch zwei kurze Sätze hätten tun können. Wenn Sie dazu tendieren, schnell abzuschweifen und viel drumherum reden, dann müssen Sie sich das abgewöhnen, um nie wieder jemanden damit zu langweilen. Diese Art geht genauso in Gesprächen nicht gut aus. Abhilfe verschaffen kann es, wenn Sie die Rede vorab komprimieren, und zwar so, dass jeder Satz auf der richtigen Stelle ist und wichtig ist, gesagt zu werden. Statt allgemein zu reden, konkretisieren Sie deutlich. Lange Beschreibungen werden weggelassen. Genauso sollten Sie bei einer Kurzrede darauf achten, so gut wie **keine Füllwörter** zu benutzen. Füllwörter können Sie dann benutzen, wenn Sie sich einige Sekunden verschaffen möchten, um sich während einer längeren Rede zu sammeln, um nachzudenken. Ansonsten sollten Sie diese vermeiden, auch wenn es anfangs schwierig ist. In Wahrheit verringern Füllwörter den Wert einer Aussage. Auch wenn es schwer ist, komplett auf sie zu verzichten, lohnt es sich ein Auge darauf zu haben, folgende Füllwörter so wenig wie möglich zu benutzen:

- Sicher

- Echt
- Wirklich
- Halt
- Wohl
- Sehr
- Eigentlich
- Etwa
- Glaube
- Vielleicht

Wenn Sie es so weit gebracht haben, dass Sie nur sehr wenige Füllwörter in Ihren Sätzen integrieren, dann achten Sie auch darauf, nicht in **viel zu langen Sätzen** zu sprechen. Sogenannte Schachtelsätze. Das bringt jeden durcheinander. Wenn Sie Ihre Rede vorab auf Papier bringen, dann haben Sie ein Auge drauf, dass ein Satz nicht mehr als zwei Zeilen lang sein soll. Zu viele Informationen auf einmal bleiben nicht in den Gedächtnissen hängen. Während Sie sprechen, legen Sie, je nachdem wie lange Ihre Rede dauert, ganz

kurze Atempausen ein. Diese Pausen verhelfen den Zuhörer das Gesagte aufzunehmen und zu verarbeiten.

Was Sie auf jeden Fall auch vermeiden müssen ist eine **negative Ausdrucksweise**. Denn egal wie schaurig das Thema ist, Menschen möchten immer positive Nachrichten hören. Ihre Aussagen und Thesen untermauern Sie immer mit **lebendigen Beispielen**, damit sich jeder darunter etwas vorstellen kann. Wir haben auch kurz darüber gesprochen, wie wichtig es ist, das Publikum einzubauen, damit dieses sich als ein Teil der Rede fühlt. Jedoch können Sie auch das Gegenteil damit bewirken, indem Sie krampfhaft versuchen, alle in den Mittelpunkt zu bringen. Gezielte Fragen oder offene Fragen, wo keine Antworten erwartet werden, können gerne in einer behutsamen Art und Weise gestellt werden.

Eine Einleitung, immer und überall frei reden zu können, ohne Hemmungen zu haben

Das freie Sprechen ist eine hohe Kunst, die nur die Eliten der Rhetoriker beherrschen. Sie ist die Königsdisziplin der Rhetorik. Die meisten Menschen empfinden es als sehr schwierig, frei zu sprechen, da diese ihre Komfortzone hierfür verlassen müssen. Es verhält sich genauso wie beim Lampenfieber. Wenn gewisse Tipps und Tricks beachtet werden, dann kann jeder wie ein Wasserfall vor einer Menschenmenge sprechen. Sobald Sie sich sattelfest fühlen, stechen Sie von der Masse heraus. Sie sollten sich kein Beispiel an die meisten früheren Nachrichtenmoderatoren nehmen, die so gut wie alles von ihrem Zettel ablasen. Das kommt nicht professionell rüber und ist keineswegs gut vorbereitet.

Natürlich spielt es beim Fernseher nicht eine derart wichtige Rolle, wie bei Ihren Reden. Die Hauptsache ist, dass die Zuschauer das aktuelle Tagesgeschehen mitbekommen, ob abgelesen oder freigesprochen.

Die erste frei gesprochene Rede wird sicher schwer und es kann sein, dass Sachen passieren, mit denen Sie nicht gerechnet haben. Selbst wenn es zu einer absoluten Katastrophe wird, sollten Sie nicht aufhören weiter zu üben. Als erstes ist es sehr wichtig das Thema zu beherrschen, worüber Sie sprechen. Das gefestigte Wissen ist leichter rüberzubringen als Themen, womit Sie sich kaum beschäftigt haben. Vor der Rede wird ein Konzept erstellt, dass von A bis Z den Inhalt wiedergibt. Bevor dieses Skript verfasst wird, entwickeln Sie vorher grobe Ideen im Kopf. Sie führen ein Brainstorming durch. Sie sammeln die wesentlichsten Stichpunkte, fassen diese zusammen und machen sich Gedanken darüber, wohin die Reise Ihre Zuhörer führen soll. Genauer gesagt, welche

Informationen der Zuhörer im Endeffekt unbedingt mitnehmen und verinnerlichen soll.

Das was Sie dann sagen möchten, bringen Sie nicht komplett zu Papier, sondern nur in wenigen Stichpunkten. In wenigen Stichpunkten deshalb, weil Sie Ihr Gehirn die Möglichkeit geben, sich freier auszuformulieren. Es ist nicht Sinn der Sache, jeden Satz, den Sie aussprechen werden aufzuschreiben und alles auswendig zu lernen. Gewöhnen Sie sich generell ab, eine Rede komplett auswendig zu lernen. Auswendig lernen und frei sprechen sind wie zwei verschiedene Paar Schuhe. Es klingt auch so, als würden Sie robotermäßig sprechen. Folglich kommen Sie sehr unsouverän rüber.

Statt vielen Stichpunkten, schreiben Sie sich nur Hauptüberschriften auf. Gerade wenn Sie das Wissen zu dem Thema schon haben, wird es viel einfacher sein mit diesen wenigen Überschriften auszukommen. Diese wenigen Überschriften schreiben Sie sich auf kleine Karteikärtchen auf. Nicht auf einen großen Zettel. Beim Letzteren laufen Sie Gefahr, ganz schnell zu übersehen, bei welchem Punkt Sie sich gerade befinden. Diese paar Sekunden sind verschwendete kostbare Zeit und machen Sie nur nervöser. Verstehen Sie es nicht falsch – es ist immer noch eine freigesprochene Rede. Die wenigen Überschriften, die Sie auf Ihren Karteikarten haben, dienen nur als Anknüpfungspunkte. Einige Redner benutzen die Karteikarten auch nur, damit deren Hände „etwas zum Halten" haben. Damit wird vermieden, dass die Hände bzw. Arme verschränkt, hinter den Rücken gebracht werden oder in die Hosentaschen geführt werden.

Als Übung können Sie sich selbst mit einer Kamera in einem Zug ohne Pause aufnehmen. Dann können Sie die Videosequenz abspielen und beobachten, ob Sie viele Füllwörter oder „ähm´s" verwenden. Wenn Sie sich selbst im Nachhinein beobachten, fallen Ihnen viele Sachen auf, die Sie sonst nicht bemerken würden. Es hat sich in der menschlichen

Redewendung so entwickelt, dass wenn jemand nicht in der Rede weiterweiß oder einen Gedankenstopp hat, einfach nur „ähm“ sagt. Es ist schwer dies abzugewöhnen, aber mit viel Übung ist es möglich.

Ein einfacher Trick, wie man dies komplett vermeidet: Legen Sie zweisekündige Pausen ein, wenn es zu einem „ähm“ kommen könnte. Diese kurze Denkpause verschafft Zeit, um sich zu sammeln und vermeidet komplett das besagte Wort auszusprechen. Es hilft auch, wenn Sie mit Freunden sprechen und bewusst darauf achten, diese „ähms“ auszulassen. Am Anfang wird es schwer sein, da Sie sich immer darauf konzentrieren müssen. Mit der Zeit und viel Übung wird es aber unbewusst passieren und Sie werden merken, dass Sie dieses Wort nicht mehr benutzen.

Generell sollten Sie offen werden, um mit fremden Menschen ins Gespräch zu kommen und sich nicht davor scheuen. Jemand der eher extrovertiert ist und kein Problem hat mit mehreren Personen zu sprechen, wird sich leichter tun. Das steigert den kommunikativen Erfolg immens. Das freie Sprechen macht automatisch Spaß und in einem Gebiet, wo man Spaß hat, wird man erst recht richtig gut. Beschäftigen Sie sich auch mit Ihrer Stimme, indem Sie aus Ihrer Brust und nicht aus dem Hals sprechen. Das verhindert die Monotonie, denn genauso wie man einem guten Musiker gerne beim Musizieren zuhört, hört man einer angenehmen Stimme auch gerne zu. Der Inhalt darf nie außer Acht gelassen werden, denn er ist immens wichtig. Noch wichtiger ist aber, WIE etwas gesagt wird, als WAS gesagt wird.

Wenn die Hauptüberschriften zusammengestellt sind, ob auf Power Point oder Karteikärtchen, gehen Sie diese mehrmals durch, indem Sie sie laut vorsprechen. Je öfter Sie es vorsprechen, desto mehr wird es im Gedächtnis abgespeichert. Es heißt ja, dass wenn etwas um die 20 Male wiederholt wird, es nie wieder vergessen wird. Dadurch haben Sie es viel leichter aus sich rauszukommen und könnten nun Ihre Rede im

Schlaf aufsagen. Während dem Vortragen hilft es enorm, wenn Sie sich vorstellen, wie Sie nur mit einer bestimmten Person reden bzw. nur ihr den Vortrag halten. Das schaltet im Gehirn gewisse kognitive Kapazitäten frei. Wenn Sie dann einen gewissen Pfad während Ihrer Rede gefunden haben, können Sie diesen gewissen Personen, die die ganze Zeit interessiert zuhören und vielleicht auch mitnicken öfters in die Augen schauen.

An dieser Stelle wird Ihnen noch eine ultimative Übung, um das freie Reden zu lernen, mitgegeben. Wenn Sie diese beherrschen, ist es fortan unmöglich bei einer frei gehaltenen Rede ohne Worte zu stehen. Die besagte Übung nennt sich **Wortimprovisationsübung**, die wie folgt funktioniert. Zu einem x-beliebigen Wort müssen Sie über 1 Minute lang reden können. Sie können das Spiel auch mit Freunden spielen. Es ist lustiger und spannender als Sie denken, wenn ihr gegenseitig wetteifert. Ihr könnt es noch auf die Spitze treiben, indem ihr es noch viel schwieriger gestaltet. Genau in dem Moment, wo einer von euch über ein bestimmtes Wort einiges zu sagen hat und sozusagen „im Flow" ist, wird diese Person unterbrochen und muss plötzlich über ein anderes Wort reden. Die Gedanken springen hin und her und dadurch wird das Gehirn immens trainiert.

Nehmen wir an, Ihr Gegenüber sagt, Sie müssen über das Wort „Bizeps" spontan reden, dann fangen Sie zum Beispiel so an, ohne sich vorzubereiten:
„Der Bizeps ist eine Armmuskulatur und nimmt ungefähr einen Drittel des Armumfanges ein. Für viele Männer ist dieser das Sinnbild der Maskulinität, da man sich mit seiner Dicke immer gegeneinander misst. Er besteht aus zwei Muskelköpfen und kann auf verschiedenste Art und Weisen trainiert werden. Die gängigste Meinung ist, dass er ca. zwei volle Tage braucht, um sich nach einem intensiven Training vollständig zu erholen. Neben Bizepscurls, Hammercurls, Rudern, enge Klimmzüge gibt es noch

viele andere Übungen, damit er beansprucht wird. Er fungiert außerdem als Hilfsmuskel bei Zieh-Übungen ... "

Sie werden nun unterbrochen und mitten in Ihrem Flow wird das Wort „Bizeps" durch „Weltreise" ersetzt.

„Ich habe mir fest vorgenommen eine Weltreise zu unternehmen. Jedoch warte ich aber noch auf die richtige Person, mit der ich dies gemeinsam erleben möchte. Es bedarf einer langen Vorbereitung, bevor man sich wirklich auf die Reise begibt. Auch muss man im Vorhinein sein Budget kalkulieren. Die Unterkünfte müssen vorher gut abcheckt werden oder es wird immer spontan entschieden. Am liebsten würde ich im fernen Asien starten, wie in Japan oder Südkorea, da ich die europäischen Länder, schon so gut wie alle kenne ... "

Wenn Sie diese Übung öfter machen, dann werden Sie keine Hemmungen mehr haben und können über ganz egal welche Themen frei sprechen. Es wird Ihnen stets etwas einfallen. Außerdem gehen Sie meistens sowieso nicht spontan zu einer Rede, sondern Sie bereiten sich im Vorhinein genauestens vor.

Wie Sie Ihr Lampenfieber im Keim ersticken

Wer unter Lampenfieber leidet - und das tun die meisten Menschen, denn das ist das normalste der Welt, Angst davor zu haben vor einer größeren Zuschauerschaft zu sprechen - bekommt plötzlich Hemmungen, sich vor dem Publikum zu artikulieren. In extremer Form kommt es sogar zu Schweißausbrüchen und Schwindelgefühlen. Es kommt sogar oft vor, dass die Furcht so groß wird, dass einfach das Bewusstsein verloren geht und man in Ohnmacht fällt. Die wenigsten Menschen sprechen oft vor einer größeren Menschenmasse. Deshalb kommt es einem bizarr vor und der Mensch hat vor das, was er noch nicht kennt, einfach Angst.

Sie müssen wissen, dass dies das normalste der Welt ist und sogar die meisten Promis in ihren Anfängen plötzlich erstarrten, als diese merkten, in was für eine Situation sie sich befanden. Sie hatten auf einmal Hemmungen vor einer etwas größeren Menschenmenge zu stehen und wurden sogar nervös, wenn Kameras auf sie gerichtet wurden. Obwohl es früher ihr sehnlichster Wunsch war im Mittelpunkt zu stehen. Zusätzliche Angst entsteht, wenn Gedanken entstehen, dass es nicht funktioniert wie geplant. Lampenfieber wird nicht von einen auf den nächsten Tag augenblicklich verschwinden. Es kann sogar sein, dass dieses lästige Lampenfieber immer wieder aufs neueste bekämpft werden muss.

Die innere Intension könnte sich aber fördernd auf Ihre Besinnung auswirken und Sie könnten besser überlegen, was Sie sagen. Wenn die Furcht aber immer unkontrollierbarer wird, gibt es gewisse Hacks, die sich in solchen schwierigen Situationen bewährt haben. Sie entwickeln Ihren eigenen Prozess, der Ihre Vertrautheit steigern lässt, um mit dieser Angst umzugehen. Hierfür möchte ich Ihnen **sieben**

Vorgehensweisen mitgeben, die Sie definitiv ausprobieren müssen. Welche dieser Hacks dann am besten für Sie passt, entscheiden schlussendlich nur Sie selbst. Wichtig ist zu akzeptieren, dass Sie diese Angst haben und genauso wichtig ist zu wissen, dass diese Angst leicht besiegt bzw. umgangen werden kann.

7 Strategien zur Bewältigung von Lampenfieber:

- **Hack Nr. 1:** Wenn Sie sich entscheiden eine freie Rede zu halten, möchte ich Ihnen ans Herz legen, dass Sie dennoch einen kleinen **Notizzettel** mitbringen. Dies gibt Ihnen ein zusätzliches Sicherheitsgefühl. Denn es ist nun mal so, dass auch wenn Sie die Rede mit großer Sicherheit auswendig gelernt und verinnerlicht haben und sogar vor dem Spiegel fehlerfrei vortragen könnten Sie vor einer größeren Zuschauermenge plötzlich einen Blackout bekommen könnten. In diesem Fall würden Sie alles gelernte komplett vergessen. Damit Sie aber Anknüpfungspunkte haben, benutzen Sie im Fall der Fälle diesen Notizzettel. Auf diesen stehen die wichtigsten Sachverhalte kurz und knapp drauf. Im Worst Case Szenario wird er Ihnen bestimmt weiterhelfen, da es in Ihrem Kopf sofort “Klick” machen würde, sobald Sie auf die Notizzettel schauen. Der rote Faden wird somit eingehalten. Es ist einfach dafür da, Ihnen als eine Stütze zu dienen, an der Sie sich jederzeit wenden können, wenn es hart auf hart kommt.

– **Hack Nr. 2:** Eine gute **Übung** VOR der Rede ist genauso unerlässlich. Vielleicht meinen Sie, dass dieser Punkt eigentlich selbstverständlich ist und warum er eigentlich zur Lösung des Lampenfiebers beitragen sollte? Aber jetzt einmal Hand aufs Herz. Die wenigsten und dazu gehörte auch ich, bereiten sich vor der Rede auch wirklich darauf vor. Es wird alles auf den letzten Drücker schlecht vorbereitet. Dabei wird auf ein Blatt Papier alles zusammen gekritzelt und auf das Üben des Vortrages wird verzichtet, da die Zeit fehlt. Das ist jedoch der größte Fehler, den Sie begehen können und wenn Sie dies auch wirklich beachten würden, würde sich das **Lampenfieber erübrigen**. Damit es sich ein wenig authentischer anfühlt, praktizieren Sie nicht mehr vor dem Spiegel, sondern tragen es vor einigen Freunden oder Familienmitgliedern vor. Dies kann unendlich viel helfen, wenn Ihre Freunde oder Familie tatsächlich in die Rolle des Zuhörers schlüpfen. Es soll alles so realitätsgemäß wie möglich inszeniert werden. Falls es ein Vortrag ist, wo Zwischenfragen erwünscht oder gefordert sind, dann nehmen selbstverständlich Ihre Verwandten oder Freunde diese Haltung ein und stellen zwischendurch kritische Fragen. Auch wenn Sie beispielsweise Ihre Abschlussarbeit vor mehreren Professoren vortragen, wo Sie Ihren Standpunkt verteidigen müssen, kann dies Mithilfe Ihrer Gehilfen erprobt werden. So gut wie alles kann im Vorhinein geübt werden. Jetzt stellen Sie sich folgende Frage: Glauben Sie tatsächlich, dass wenn Sie sich so eine Mühe machen und den ganzen Vortrag auch 1 zu 1 einige Male vorgetragen haben, Sie noch scheitern oder auch nur eine Millisekunde nervös sein werden? Mitnichten! Im Gegenteil, Sie werden so reden, als wäre es das normalste der Welt und als hätten Sie im Leben nichts anderes gemacht, außer Reden vor einem Publikum zu halten. Übung macht den Meister.

- **Hack Nr. 3:** Was auch sehr hilfreich sein kann - übrigens auch vor fast jeder “heiklen” Situation, wobei eine Rede halten, die spaßigste Beschäftigung auf der Welt sein kann - ist es schlicht und einfach kurz vor der zu haltenden Rede sich mit ihr **nicht mehr zu befassen**. Denn wenn Sie sich die ganze Zeit nur Gedanken machen, kann es dann tatsächlich so sein, dass dieser Worst Case Szenario eintritt. Ich gebe Ihnen kurz ein absurdes Beispiel zur Veranschaulichung, wobei diese zwei Dinge eigentlich nicht so zu vergleichen sind. Nehmen wir mal an, Sie stehen kurz vor einer Hinrichtung - was hoffentlich niemals passieren wird. Es besteht keine Möglichkeit für eine Begnadigung oder Flucht. Das Beste was Sie in diesem Moment machen könnten, ist es Ihr Schicksal so anzunehmen und nicht mehr daran zu denken. Hört sich vielleicht absurd an - ist es auch - aber die Nervosität verschwindet, da Sie sich mit ihr erst gar nicht mehr beschäftigen. Bei einer Hinrichtung aber ist diese einfache Technik sehr schwer anzuwenden, da hierfür Nerven aus Stahl erforderlich sind - sie funktioniert aber definitiv vor einer Rede. Es bringt sich genauso nichts, kurz vor einer Prüfung auf den letzten Drücker irgendwelche Formeln auswendig zu lernen. Am besten Sie beschäftigen sich auch anderweitig vor dem Vortrag und lassen es auf sich zukommen.

– **Hack Nr. 4:** Auf ein **kräftiges Durchatmen** schwören sehr viele. Bevor Sie denken, dass das ein 0815 Tipp sein könnte, hören Sie sich die Erklärung an. Nur weil sich eine Methode so einfach anhört, bedeutet es noch lange nicht, dass sie nichts bringt. Viele Menschen konnten Stresssituationen, die wahrscheinlich ausgeartet wären, mit dieser einfachen Atemtechnik verhindern und bewältigen. Es gibt viele verschiedene Atemtechniken. Es wird eine sehr einfach anwendbare mit auf den Weg mitgeben. Sie hat wie bereits erwähnt vielen Menschen in heiklen Situationen geholfen und gäbe es sie nicht, dann hätten diese mit großer Sicherheit solche Situationen nicht bewältigen können.

Die **“2 Sekunden Atemtechnik”**, funktioniert wie folgt. Vor jeder Stresssituation, auch abseits von Reden halten, atmen Sie zwei Sekunden tief ein und zwei Sekunden aus. Dies wiederholen Sie einige Male. Dadurch wird mehr Sauerstoff in Ihr Gehirn gepumpt und Sie können so freier und fokussierter denken.

Auch im Fitnessstudio findet diese Technik, vor dem Stemmen höherer Gewichte, Anwendung. Ohne sie würde sich Luft in der Lunge ansammeln und der Kopf rot anschwellen. Es hilft ungemein, probieren Sie es gerne aus.

- **Hack Nr. 5: Selbstmanipulation**, kann Berge versetzen. Sie reden sich selbst ein, dass Sie etwas können und es draufhaben. Dass Sie Ihr Thema tadellos überblicken. Das ist ein einfacher und kurzer Tipp, denn Sie auch in jeglichen Situationen im Leben anwenden können. Wenn Sie beispielsweise vor einer Klausur stehen und nicht mehr viel Zeit haben zu lernen, wäre das Schlimmste was Sie machen könnten, sich selbst einzureden, dass Sie auf jeden Fall versagen werden. Wenn Sie selbst nicht an sich glauben, wer soll es bitte dann tun? Nehmen wir an, dass Sie aufgrund geringer Vorbereitungszeit, es tatsächlich doch nicht schaffen, was haben Sie verloren, wenn Sie ganz einfach an sich und Ihren Fähigkeiten geglaubt haben? Genauso wie die Brüder Wright an sich geglaubt haben, eines Tages fliegen zu können, wobei diese von ihren Mitmenschen dafür nur belächelt wurden. Müssen auch Sie an sich glauben, dass Sie Ihren Vortrag exzellent halten werden. *„Ich habe es drauf und rein in das Geschehen!“*

– **Hack Nr. 6:** Dieser Punkt wurde bereits ganz kurz angesprochen. Wenn Sie während der Rede nicht mehr weiterwissen, dann suchen Sie sich einen Ihnen vertraute oder **sympathisch vorkommende Person** aus. Jetzt richten Sie Ihren Blick nicht nur auf diese Person, sondern versuchen, nur mit ihr zu kommunizieren, wobei Sie keine Antwort erwarten müssen. Das wird Ihnen kurzzeitig das Gefühl geben, sich in einem Gespräch mit nur einer Person zu befinden und nicht vor einen größeren Zuschauermenge. Anvisieren Sie Ihr Ziel aber nicht über die gesamte Rede hinweg, da es sonst unbehagliche Gefühle in der Person auslösen könnte.

- **Hack Nr. 7:** Im Falle einer Debatte, wo Sie mit verschiedenen “Gegnern” über ein bestimmtes Thema Ihre Standpunkte verteidigen müssen, hilft es, die Positionen der Gegenpartei schon im **Vorhinein zu wissen.** Dann wissen Sie, worauf Sie sich einlassen, entwickeln eine Art innere Entrüstung, die nur darauf wartet, die Argumente der Gegner auseinander zu nehmen.

Es ist wichtig im Falle eines eintretenden Lampenfiebers mit der Situation richtig umzugehen. Ruhe bewahren, Gedanken sammeln und ja nicht den Boden unter den Füßen verlieren. Auf keinen Fall, von diesem Gefühl sich verwirren und leiten lassen - Sie allein sind die einzige Person, die Macht über Ihre eigenen Gefühle hat. Sie entscheiden, ob Sie in Angst versinken oder ruhmreich Ihre Rede halten. Das Publikum muss außerdem nicht einmal merken, dass Sie gerade mit Ihren Worten ringen und plötzlich nicht mehr wissen, was Sie als nächstes sagen möchten. Wie sagt man so schön - "*Was einer nicht weiß, macht ihn nicht heiß*". Falls Sie zu einem bestimmten Punkt nicht mehr weiterwissen, dann überspringen Sie es ganz einfach, wenn Sie keinen Notizzettel haben. Ansonsten können Sie reinschauen, um Ihre Gedanken zu sammeln. Jedoch wird niemand darauf kommen, dass Sie etwas ausgelassen haben. Wie auch - keiner weiß, was Sie vortragen werden. Wenn es Ihnen aber doch irgendwann einfällt, haben Sie später immer noch die Möglichkeit, es auszusprechen. Sie entscheiden, wann Sie was von sich geben. Das können Sie zum Beispiel so machen: *"Ich möchte noch kurz auf etwas zurückkommen ..."* oder *"Um Ihnen dies noch besser darzustellen, möchte ich Ihnen noch sagen, dass ..."*

Um es nochmal zusammenzufassen: Lampenfieber stellt einfach ein inneres mulmiges Gefühl dar, das keinesfalls negativ angesehen werden soll. Nutzen Sie diesen, wie bei einem Bumerangeffekt, um erst recht ein gutes Auftreten hinzulegen. Sie **erhöht** automatisch die **Aufmerksamkeit und den Fokus**, als hätten Sie mehrere koffeinhaltige Energydrinks getrunken. Es kann sogar sein, dass MIT Lampenfieber eine bessere Performance hinlegt wird als ohne. Der hauptsächliche Grund, warum die meisten Menschen unter Lampenfieber leiden, ist ihr negatives Mindset und die mangelnde Erfahrung, was das Auftreten vor einem größeren Publikum betrifft. Dieser Angstzustand versetzt sie in eine Schockstarre, in der sie das einfache Sprechen zu verlernt haben scheinen. Zusätzlich kommen Stottern, Schweißausbrüche und heftiges Herzklopfen ins Spiel. Dann kommt es dazu, dass man sich selbst bewertet und eine Art Schamhaftigkeit den anderen gegenüber entwickelt. Es fühlt sich so an, als würde man einen nicht mehr ernst nehmen. Diese emotionalen Gedanken führen zu einem Teufelskreis, der dafür verantwortlich ist, dass von dem Moment an Angst verspürt wird.

Es hilft auch nach etwas zu suchen, was das eigene Selbstvertrauen pusht. Je nach Menschentyp kann es unterschiedlich sein. Vielleicht ist es ein gewisser Kleidungsstyl, dass Ihr Wohlbefinden steigern lässt. Oder ein bestimmtes, auf Sie individuell angelegtes Ritual, der Ihre Konzentration erhöht. Spontane, akut gehaltene Reden sollten vermieden werden, falls Sie sich noch nicht sattelfest fühlen. In einer gut vorbereiteten Rede haben Sie ein viel sicheres Gefühl und werden so gut wie keine Füllwörter benutzen, um Ihre Gedankengänge zu verknüpfen. Weiters ist der erste Eindruck sehr wichtig – ist dieser nicht gut, ist es sehr schwer bis unmöglich im Nachhinein alles wieder zu retuschieren.

Da die eigene Person viel besser als andere bewertet, wäre es hilfreich, wenn Sie Ihr Auftreten vor guten Freunden oder der Familie erproben. Diese können Sie viel objektiver betrachten, als Sie es selbst täten. Suchen Sie sich für diese Aufgabe Personen aus, die viel pingeliger sind als der Durchschnitt, denn so können Sie auch eine wahrheitsgemäße Kritik erhalten und Maßnahmen entwickeln. Um das Ganze noch auf einen höheren Level zu bringen, können Ihre Gehilfen bestimmte Rollen einnehmen und Sie zum Beispiel mit provokanten Fragen durchbohren, um zu sehen, wie gewappnet Sie sind. Sie simulieren den kompletten Vortrag und gehen dabei auch so vor, wie wenn Sie wirklich präsentieren. Auch hilft es, den Vortrag wie eine Filmsequenz im Kopf abspielen zu lassen. Wenn alle möglichen Szenarien vorgestellt werden, werden diese nicht mehr als fremd empfunden. In Wahrheit sind diese nicht allzu schlimm, wie Sie es denken. Falls es beispielsweise vorkommen sollte, dass Sie einen viel zu langen Satz aussprechen und der Grundgedanke verloren geht, korrigieren Sie sich einfach und beginnen den ganzen Satz von neu. Jeder kann sich mal versprechen, eine Information vergessen oder etwas schlicht und ergreifend nicht wissen.

Ihre generelle Herangehensweise mit Druck können Sie mithilfe von Meditations- und Yogaübungen optimieren, indem Sie Ihre Gedanken komplett regulieren. Wenn es eine wichtige Rede ist, die Sie halten müssen und an einem Ort stattfindet, den Sie nicht kennen, wäre es von Vorteil, wenn Sie dort vorher hingehen um sich mit der Umgebung vertraut machen. Während der Rede nehmen Sie eine selbstbewusste gerade Haltung ein und vertrauen auf Ihr Können. Nehmen Sie sich auch eine Flasche Wasser mit, was einem trockenen Rachen entgegenwirkt und Ihre Achtsamkeit steigern lässt.

Falls es zu einem Missgeschick kommt, womit Sie nicht gerechnet haben, dürfen Sie sich nicht davon beirren lassen, sondern gekonnt und humorvoll auf die eingetroffene Situation reagieren. Sie geben dem Zuhörer somit das Gefühl, dass Sie alles im Griff haben und nichts und niemand Sie ablenken kann. Nennen wir das den Felsen in der Brandung.

Zu guter Letzt noch ein paar Beispiele:

- Der Strom fällt aus und es wird plötzlich dunkel - dann sagen Sie zum Beispiel: *"Naja, reden und hören kann man ja auch im Dunkeln"* oder *"Perfektes Timing, selbst die Dunkelheit untermauert meine These"*.

- Ihre PowerPoint-Präsentation schaltet sich plötzlich ab - dann sagen Sie zum Beispiel: *"Das macht nichts, die Technik hat zwar heute versagt, jedoch sind alle Gedankengänge noch in meinem Kopf"* oder *"Sie glauben vielleicht, dass die heutige Präsentation nur aufgrund dieses technischen Defekts jetzt endet, nicht mit mir, denn darauf war ich von Anfang an vorbereitet".*

– Ihnen fällt etwas herunter, dann sagen Sie zum Beispiel: *"Dieser Stift ist zwar gerade runtergefallen, nicht aber meine Argumente"* oder *"Sogar der Notizzettel, der runtergefallen ist, hat eigentlich keine Lust mehr mir zuzuhören, ich komme langsam zum Ende".*

Fünf lebendige Praxisspiele, um Kurzreden zu trainieren

Zu so gut wie jedem Anlass kann eine Kurzrede gehalten werden, ob es nun im Betrieb ist unter Arbeitskollegen, im Geschäftsleben, im privaten Bereich mit der Familie und Freunden oder auch in der Schule. Es werden Ihnen fünf alltägliche Beispiele von Reden, die so gut wie immer im Leben eintreten werden, mitgegeben. Es gibt zig Arten von Formulierungen, wie diese gehalten werden können. Ein kurzes Beispiel pro Gegebenheit, wo Sie sich einiges abschauen können.

– **Geburtstag**: Sie halten eine Rede zum 30. Geburtstag Ihres besten Freundes.

Lieber Markus!

Auch wenn du nicht der allerbeste Zuhörer bist, möchte ich die Gelegenheit nutzen, während all unsere Freunde anwesend sind, ein Hühnchen mit dir im positiven Sinn zu rupfen.

Nicht umsonst möchte ich ein paar Worte kurz über dich verlieren, denn in Anwesenheit all unserer engsten Freunde möchte ich dir meine Dankbarkeit erweisen, dass du in den letzten zehn Jahren stets zu mir gestanden und mir in den heikelsten Situationen aus der Patsche geholfen hast. Ich wüsste nicht, wo ich ohne deine Hilfe und Ratschläge heute stehen würde. Vermutlich ohne Universitätsabschluss und Lebensgefährtin unter einer Brücke und das soll auch keine Übertreibung sein! Meine Probleme, hast du stets als deine eigenen Probleme gesehen und genauso behandelt. Nicht umsonst heißt es in einem Sprichwort, dass ein guter Freund sich erst hinter deinem

Rücken zeigt, was du oft genug bewiesen hast. Dir stand immer unser Wohlergehen an erster Stelle. Erst zum Schluss, hast du dich um deine eigenen Probleme gekümmert. Das waren jene Probleme, die wir selten mitbekamen haben und die du so ziemlich allein gemeistert hast. Ich möchte dich nur wissen lassen, dass das in Zukunft nicht mehr so sein wird und das du wissen solltest, dass wir genauso immer für dich da sind und ein offenes Ohr haben. Schäme dich also nicht das Gespräch mit einem von uns zu suchen, falls dich etwas bedrücken sollte. Was hoffentlich niemals passieren wird. Das Leben besteht, wie wir wissen aus vielen Up´s und Down´s. Genauso, wie wir heute bei einer Hochphase in deinem Leben mit dir zusammen stehen, werden wir auch mit dir an der Seite sein, wenn es mal eine Tiefphase gibt. Ich möchte, im Namen aller Anwesenden dir sagen, dass wir dich loyal bis ans Lebensende begleiten möchten. Ich habe die Rede absichtlich so kurzgehalten, da du ansonsten einen Kurzschluss kriegen würdest. Wir wissen alle, dass du nicht länger als eine Minute am Stück zuhören kannst.

Deshalb kommen wir zum spannendsten Teil des heutigen Tages. Wir möchten dir ein besonderes Geschenk überreichen, dass wir schon seit einer Ewigkeit gesucht haben und letztendlich auch finden konnten. Und zwar das einzige Teil, welches in deiner Sammlung fehlt ...

– **Trauerrede**: Sie halten eine Rede zur Trauerfeier eines Ihrer Bekannten.

Liebe Mittrauernde!

Wir haben uns heute hier versammelt, um Abschied von unserem geliebten Freund zu nehmen. Es ist sehr schwer es in Worte zu fassen, aber ich versuche es so gut wie möglich für uns alle zu tun.

Dass er von uns ging, kam sehr plötzlich. Niemand hat es von uns erwartet. Einige von uns, darunter auch ich, haben noch vor kurzem mit ihm nette Worte gewechselt. Lukas und ich waren letztes Wochenende sogar mit ihm unterwegs und er gab uns keine Anzeichen dafür, dass er jetzt von uns gehen und Abschied nehmen möchte. Voller Elan und Stolz präsentierte er uns beiden, in seinem Lieblingsrestaurant sein zukünftiges Projekt, welches er in Angriff nehmen wollte. Wie ihr alle wisst, war es sein größter Traum, mehrere solarbetriebene Einfamilienhäuser zu bauen. Somit wollte er der Umwelt etwas zurückgeben und auch den Einzug junger, glücklicher Familien miterleben. Nun hinterlässt er selbst eine Tochter, Leonie, deren Schulabschluss, Uniabschluss und Hochzeit er sehnlichst miterleben wollte. Auch die zukünftigen

Enkelkinder, wollte er mit seiner geliebten Frau, Heide, die heute auch anwesend ist in die Arme nehmen.

Ich erinnere mich noch an seine Worte, die er zu Neujahr an mich richtete. Sie lauteten wie folgt: „Mein lieber Michael. Wir kennen uns nun seit über 15 Jahren. Freunde kommen und Freunde gehen. Aber ich möchte das du weißt, dass ich allein bis zum Ende bei dir bleiben werde. Du kannst dich immer auf mich verlassen. Merk dir das“. Wir waren unzertrennlich. Ganz egal, welche Schicksalsschläge wir beide erlitten, wir waren ständig füreinander da. Er war wie meine Stütze, meine Wirbelsäule. Ich weiß genau, dass er mir gerade zuhört, zu uns schaut und uns anlächelt. So wie er es immer tut. Kein Mensch auf dieser Welt wird je seinen Platz in meinen Herzen einnehmen. Ich bin ihm zutiefst schuldig und genauso wie er von oben herab auf seine Familie weiterhin wachen wird, so werde ich das auch, bis ich nicht mehr lebe. Seinen Traum im Diesseits werde ich in seinen Namen erfüllen - das Projekt wird vollendet. Ich denke, dass es auch sein Wille sein würde.

Auch, wenn ich ihn niemals vergessen werde und er immer in meinen täglichen Gebeten immer einen Platz haben wird, so möchte ich mich vor euch allen, meinen engsten Freunden und Verwandten von ihm verabschieden. Er darf aber niemals in Vergessenheit geraten. Jeder von uns, muss ein Stück von ihm im Herzen tragen. Ich freue mich ihn, sobald die Zeit gekommen ist, oben wieder zu sehen. Er wird mich und jeden von uns mit offenen Armen und seinem wärmsten Lächeln empfangen. Leb wohl, mein bester Freund.

- **Hochzeitsrede**: Sie halten eine Rede zur Hochzeit Ihrer zwei besten Freunde.

Sehr geehrte Freunde und Familie!

Ich weiß, dass ihr alle gerade in Gesprächen vertieft seid oder so schön wie unser Büffet ist, endlich eure Speisen verspeisen wollt. Vorher bitte euch meine Worte über das Brautpaar Selin und Valon anzuhören.

Es ist eigentlich eine sehr lustige Geschichte, über die wir heute zu dritt, Gott sein Dank, lachen können. Es ist besser gesagt ihre Kennenlernstory, die es echt in sich hat. Valon ist einer meiner besten Freunde, den ich schon seit der Volksschule kenne und ein richtiger Schlingel, der sich einfach nie binden konnte. Er wusste zwar immer, wie seine zukünftige Frau ungefähr aussehen sollte und welche Charaktereigenschaften sie mit sich tragen musste. Jedoch war er nie in der Lage eine Beziehung aufrechtzuerhalten, bis Selin in sein Leben kam, die genau das Gegenstück zu ihm ist. Sie ergänzen sich fabelhaft wie Yin und Yang.

Durch Zufall sind Selin und ich uns in der Abendschule über den Weg gelaufen. Zu diesem Zeitpunkt wusste ich aber noch nicht, dass sie Gefallen an meinem besten Freund Valon hatte. Als sie und ich immer mehr abhingen und sie letztendlich mitbekam, dass ich sein bester Freund bin, sagte sie mir, was sie für ihn fühlte und bat mich um Hilfe. Ich arrangierte mehrere Treffen, wo wir uns manchmal zu dritt und manchmal mit anderen Freunden trafen. Zu dieser Zeit entwickelte Valon auch Gefühle für sie, da sie genau seinem Ideal entsprach, jedoch zögerte er den ersten Schritt zu machen. An einem lustigen Abend aber – wir waren live bei einem Volleyballturnier, stand plötzlich im Himmel: „Selin, möchtest du mich heiraten?“. Das kuriose und echt krasse dabei ist, dass Valon dies nicht vorbereitet hat, und so unromantisch wie er ist, niemals auf so eine Idee kommen würde. Es war klarerweise für eine andere Selin im Publikum von einem anderen Mann gerichtet. Obwohl sie nur ein paar Dates hatten und nie Klartext über eine ernste Beziehung sprachen, sprang unsere Selin sofort auf und sagte ja. Ihr wollt nicht wissen, wie ich mich gefühlt habe, da ich wusste, dass das nicht das Werk von meinem Freund Valon war. Was ich aber nicht erwartet hab war, dass – und haltet euch fest – er diesen Zufall ausnutze und er einfach in die Knie ging vor ihr (was ich so niemals von ihm kannte). Ohne Ring in den Finger, verließen die beiden das Stadion und waren fest entschlossen zu heiraten und diesen ernsten Schritt zu machen. Natürlich haben wir uns im Nachhinein die wahre Story dahinter erzählt, die ich mit euch alle nun teilen möchte, da ihr alle Zeugen einer wundervollen Beziehung und Ehe sein werdet.

Ich verstehe, dass Selin, als sie hörte, dass diese Aktion nicht von seiner Seite aus geplant war, ein wenig skeptisch wurde, jedoch änderte sich ihre Haltung schlagartig, als er ihr im Laufe der Zeit bewies, dass er wirklich nur Augen für sie hatte. Auch, dass er den Rest seines Lebens mit dieser wundervollen Frau verbringen möchte. Wir wünschen beiden, eine segensreiche Ehe bis zum Ende ihrer Tage und darüber hinaus.

Viel Glück und viele gesunde Kinder wünsche ich euch meine Freunde, Selin und Valon!

- **Abschiedsrede:** Sie halten eine Rede zum Abschied Ihrer Freundin, die ein Auslandsjahr macht.

Liebe Freunde!

Ich bitte kurz, um eure Aufmerksamkeit. Ich weiß genau, dass ihr es nicht ausstehen könnt, wenn jemand einen längeren Vortrag hält, aber ich versuche mich kurz und knapp zu halten.

Es ist schön, dass wir nach so vielen Jahren, endlich die Zeit gefunden haben, uns auf eine Grillparty zu treffen und zusammen den erfolgreichen Abschluss des Semesters feiern. Genauso wie Christine, sind wir alle Betriebswirtschaft Studenten und studieren an derselben Universität im selben Semester. Viele von uns, kennen Christine schon von der Schule und so sollt ihr wissen, dass es immer ihr Wunsch war, zumindest für ein Semester im Ausland zu studieren. Nicht nur, weil sie so wissbegierig wie kein anderer ist, sondern auch weil sie auf sich allein gestellt für eine gewisse Zeit in einem fremden Land leben und auskommen möchte. Diese Erfahrung würde auch sich jeder von uns wünschen, jedoch hat sich keiner von getraut, diesen mutigen Schritt auch wirklich umzusetzen. Während die meisten von uns noch bei unseren lieben Eltern wohnen und nicht einmal selbstständig kochen oder die Wäsche machen, werden diese Umstände, Christine das ganze Jahr über in dem sonnigen Valencia begleiten. Dort kann sie auch ihre Spanischkenntnisse unter Beweis stellen und diese auf ein komplett neues Level bringen, sobald sie tagtäglich mit Einheimischen sprechen wird. Genauso wird es sich gut in ihrem Lebenslauf erkennbar machen, dass sie zwei volle Semester im Ausland absolviert hat, was die Voraussetzung in den meisten Großunternehmen ist, um irgendwann Betriebsleiter oder Verkaufsleiter zu werden.

Wir haben alle eine lange und ruhmreiche Karriere vor uns. Noch ist es auch für uns nicht zu spät, zumindest für ein Semester an einer ausländischen Universität zu studieren, denn wir haben ja noch das Masterstudium vor uns. Christine, sollte in diesem Punkt vorangehen und für uns als vorbildliches Beispiel dienen, auch einmal aus der eigenen Komfortzone herauszukommen. Zeigen wir nächstes Jahr genauso, dass wir auch den steinigeren Weg für uns wählen würden. Du bist uns hierbei, und auch in vielen anderen Bereichen, ein Vorbild liebe Christine! Wir wissen, dass du schwer in der Lage sein wirst, aufgrund deines überfüllten Kalenders uns zumindest für ein Wochenende besuchen zu kommen. Das macht aber nichts, denn wir haben es jetzt organisiert und geplant, dass wir schon nach vier Monaten in den Osterferien vorbeischauen werden. In unserer gemeinsamen WhatsApp-Gruppe werden wir uns auch täglich hören und uns jeden Tag um die neuesten Erkenntnisse des Tages austauschen.

Auch solltest du wissen, dass wir immer bei dir sind und ganz egal was du brauchen solltest, wir immer sofort bei dir sein werden. Es ist sehr schwer gerade Abschied zu nehmen, mit dem Wissen, dass du für ein Jahr weg sein wirst. Aber dieses eine Jahr wird uns danach umso mehr zusammenbringen. Wir wünschen dir alle zusammen eine angenehme Reise und werden dich sofort morgen kontaktieren, nachdem du den Boden Spaniens unter deinen Füßen spürst. Wir lieben dich alle!

– **Berufliche Rede:** Sie halten eine Rede zum Thema Produktivität in Ihrem kleinen Start Up mit acht Mitarbeitern.

Sehr geehrte Mitarbeiter, sehr geehrte Mitarbeiterinnen!

Wir haben uns nicht umsonst zu diesem Teammeeting versammelt. Ich habe aus einem bestimmten Grund euch alle zusammengetrommelt. Da wir nicht so viel Zeit haben möchte ich gleich auf den Punkt kommen, und zwar geht es um die Produktivität, die bei euch allen in letzter Zeit immens nachgelassen hat.

Und das, obwohl jetzt das umsatzreichste Quartal vor unseren Türen steht. Wie ihr wisst, bin ich der erste Unternehmer in dieser Stadt und vielleicht auch in diesem Land, der die Viertage-Woche eingeführt hat. Ich möchte als Beispiel vorangehen und hoffe, dass immer mehr Unternehmen sich trauen werden, meinen Weg, was Arbeitsstunden und Freizeit betrifft, zu gehen. Für mich steht euer Wohlergehen an erster Stelle. Ich möchte nicht, dass ihr den Großteil der Woche, und zwar 5 – 6 Tage hier im Büro absitzt. Ich war genauso früher Angestellter und weiß, dass bei fast 70% der Arbeitszeit tatsächlich NICHT mit vollem Fokus gearbeitet wird. Man ist mit dem Gedanken komplett woanders, da man einfach nicht glücklich sein kann, wenn so viel gearbeitet wird. Glückliche Mitarbeiter bringen mehr Leistung und mehr Umsatz und somit auch einen glücklichen Chef wie mich.

Erinnert euch an die Vereinbarung zwischen uns, und zwar ihr seid wirklich nur an vier Tagen in der Woche komplett körperlich und geistig anwesend und setzt euren vollen Fokus auf unsere Projekte. An den restlichen freien Tagen könnt ihr freilich abschalten und Zeit mit eurer Familie verbringen und euren Hobbys nachgehen, die euch im Leben erfüllen und Freude bereiten. Ich habe meinen Teil der Vereinbarung immer gehalten, habe euch auf der Minute genau pünktlich und gut bezahlt und hatte immer ein offenes Ohr für jeden von euch. Deshalb bitte ich euch, auch im Gegensatz euren Teil des Versprechens einzulösen und in der Zeit, in der ihr hier im Büro seid, produktiv zu arbeiten. Das bedeutet Handy weg, Facebook ausschalten und Gas geben! Lasst mich hierbei nicht im Stich, denn ich möchte, dass ihr dieselbe Produktivität abliefert, wie in den ersten zwei Quartalen. Diese Leistung damals war etwas Besonderes und das erwarte ich mir auch jetzt.

Selbstverständlich kann es sein, dass nicht alles in unserem Leben glatt läuft, aber ihr wisst ganz genau, dass ihr euch nicht davor scheuen solltet, mit mir darüber zu sprechen, wenn es die Arbeit betrifft. Ich werde immer zu euch stehen und euch so gut es in meiner Macht steht helfen. Weihnachten steht vor der Tür – packen wir es an!

Zero-to-Hero-Guideline: der 14 Tage Praxis-Crashkurs

In diesem letzten Kapitel möchten wir noch einmal kurz alle Ansätze auf dem Punkt bringen. Denn Informationen und Tipps sind schön und gut, bringen aber nichts, wenn sie nicht umgesetzt werden. Deshalb wird Ihnen eine Art Leitfaden mitgegeben, die Sie sich vor jeder Rede anschauen sollten. Sie gehen genau nach der Reihenfolge durch und hacken in Ihrem Kopf jenes ab, was Sie fertig gestellt haben. So sorgen Sie dafür, dass auf alles geachtet und nichts vergessen wird – von der Vorbereitung bis hin zur Konzipierung des Inhaltes. Es ist oftmals so, dass die meisten Dinge gewusst werden, jedoch, wenn es zur Ausarbeitung der Rede kommt, grundlegende Dinge außer Acht gelassen werden.

➔ **Ziele definieren:** Was ist die Hauptaussage der Rede? Welchem Zweck dient die Rede? Was müssen die Zuhörer definitiv von der Rede mitnehmen?

➔ **Grundgedanke:** Mithilfe der festgelegten Ziele konzipieren Sie nun den Grundgedanken Ihrer Rede. Definieren Sie anschließend weitere Thesen, um Ihren Grundgedanken Kraft zu verleihen.

➔ **Analyse:** Ort, Zeit, Anlass, Publikum (Erwartungen, Wünsche, etc.)

➔ **Struktur:** Formulieren Sie Ihre Rede aus, indem Sie zunächst ein Redeskript verfassen und achten Sie beim Aufbau der Rede auf einen roten Faden.

➔ **Hilfsmittel:** Schreiben Sie die wichtigsten Sachverhalte kurz und knapp auf kleinen Notizzetteln drauf. Weitere Hilfsmittel sind alle visuellen Medien, die Ihnen zur Verfügung stehen, insbesondere PowerPoint.

➔ **Rhetorische Stilmittel:** Integrieren Sie diese in Ihre Rede ein! (Fragen, Zitate, Metapher, Anapher, Anspielung, persönliches Ereignis, etc.)

➔ **Optimieren:** Nun ist es an der Zeit die Rede mehrmals zu üben. Am besten halten Sie die Übungsrede vor Freunden oder Sie nehmen sich dabei auf. Anschließend kann kritisch auf die Rede eingegangen werden und folglich optimiert werden.

➔ **Kontrolle:** Die Kontrolle dient zur Überprüfung der Qualität Ihrer fertigen

Reden. Beachten Sie dabei, ob Ihre in Punkt 1 festgelegten Ziele erfüllt wurden.

Zum Schluss ein paar Dinge, die Sie wissen müssen. Sie wissen nun, wie eine Rede aufgebaut ist, wie sie eingeleitet, gehalten und beendet wird, welche Fehler Sie vermeiden und welche Techniken Sie verwenden sollen, wie Sie mit Ihrem Lampenfieber umgehen und lernen frei ohne Hemmungen zu sprechen. Mehr gibt es eigentlich nicht zu beachten (wenn alles in einem kurzen Satz zusammengefasst werden kann). Wenn zu viele Regeln aufgestellt werden wie Regel A, Regel B, Regel C etc. fühlt man sich von diesen nur eingeengt und kann nicht das aussprechen, was ausgesprochen werden muss. Natürlich gibt es einige wichtige Dinge, die es zu beachten gibt, die in den vorigen Kapiteln alle genannt wurden. Jedoch ist es am wichtigsten sich frei zu fühlen und Mut zu haben das zu sagen, was man auch sagen will. Niemand darf Ihnen den Mund verbieten, außer Sie haben vor jemanden zu beleidigen. Sprechen Sie so, wie Sie sprechen möchten und achten nicht auf das, wie die anderen reagieren.

Ziel ist es erstens die Aufmerksamkeit eines jeden Zuhörers zu erlangen und zweitens in einer authentischen Art und Weise das Gesagte rüberzubringen. Mehr wird von Ihnen als Redner nicht verlangt. Was die Menschen mit den Informationen, die Sie von Ihnen erhalten haben, nun machen werden, bleibt ihnen überlassen. Lösen Sie die ganzen mentalen Knoten, die Sie im Kopf tragen auf und gehen Sie einen anderen Weg, als es die meisten Menschen tun. Sie werden merken, dass wenn Sie sich kein Blatt vor dem Mund nehmen und Ihren Gedanken freien Lauf lassen, werden Sie am authentischsten wahrgenommen. Die Menschen hören Ihnen gerne zu, da Sie hinter jedem Wort, welches Sie aussprechen stehen. Falls es aber den einen oder anderen Menschentypen geben sollte – und den wird es auch geben – der mit der Weise, wie Sie sprechen, nicht zufrieden ist, dann lassen Sie das sein Problem sein. Es wird immer jemanden in Ihrem Leben geben, der nicht mit dem was Sie sagen oder tun einverstanden sein wird. Ihre Aufgabe besteht nicht darin, es jedem recht zu machen. Ihr Ziel ist es zu polarisieren und Ihren eigenen Weg zu gehen.

Im letzten Kapitel haben Sie sich fünf spontane Kurzreden durchgelesen, die zu verschiedensten Anlässen gehalten wurden. Diese hätte man genauso in verschiedensten Variationen und Formen halten können. Zum Abschluss noch eine vorbereite Kurzrede, die alle Aspekte beinhaltet, die in den vorigen Kapiteln besprochen wurden. Dies dient zu Übungszwecken. Nehmen Sie an, Sie sind Schüler und bewerben sich als Schulsprecher. Sie haben vier Kontrahenten, die alle jeweils mit ihrer Rede alle Schüler und Lehrkräfte aus der Schule für sich gewinnen möchten. Wenn Sie sich durchsetzen und an Ihrer Schule tatsächlich Schulsprecher werden, haben Sie die einmalige Chance, für die Landesschulsprecherwahl zu kandidieren, wo sie mit noch mehr Schulsprechern aus anderen Schulen konkurrieren. Die meisten der über 700 Schüler in Ihrer Schule kennen Sie nicht und Sie haben nun mit

Ihrer kurzen Rede die Möglichkeit, diese an Ihre Seite zu ziehen. Keep it short and simple.

Liebe Mitschüler, liebe Mitschülerinnen!

Und auch hallo an alle Lehrkräfte. Der eine oder andere von euch wird mich mit hoher Sicherheit kennen, ich bin der, der jeden Tag eine Jausenbox mit Hühnchen, Reis und Brokkoli mithat. Das mache ich, weil mir meine Gesundheit sehr wichtig ist und ich auf meine Ernährung schauen muss, da ich mindesten fünf Mal in der Woche trainieren gehe. Nicht nur meine Gesundheit ist mir ein großes Anliegen, sondern auch eure ist mir enorm wichtig. Da die meisten von euch die meiste Zeit in der Schule verbringen, hier Frühstücken und Mittagessen müssen, ist es wichtig, dass das Schulbuffet verschiedene Diversitäten anbietet. Was meine ich damit? Ich meine damit, dass es für uns allen hier in der Schule die Möglichkeit gibt, gesund zu essen, indem die Schule eine Menge Auswahl anbietet. Insbesondere für die Sportklassen, Sportbegeisterten und jeden, dem sein eigener Körper wichtig ist. Ich zwinge niemanden sich hier gesund zu ernähren. Mir geht es nur darum, dass das Schulbuffet nicht nur aus Pommes und Schnitzel bestehen soll, wie es an amerikanischen Schulen meistens der Fall ist.

Ich könnte euch viele Sachen versprechen und euch nur das Blaue von Himmel erzählen, wie viele Politiker es tun. Ich aber werde niemals eine politische Laufbahn anstreben, sondern sehe mich als einen von euch, dem nur eure Bedürfnisse und Wünsche wichtig ist. Auch wenn es viele von euch wünschen würden: ein billigeres Buffet, längere Pausen, die Bestrafung von bösen Lehrern, die euch auf den Leim gehen, die Abschaffung von Hausaufgaben, längere Sommerferien oder ein Swimmingpool in der Pausenhalle. Das sind alles Dinge, die nicht in meiner Macht stehen werden. Was ich aber als Schulsprecher mithilfe der Unterstützung der Schulleitung umsetzen könnte sind Dinge, wie die Organisation eines Fußballs/Volleyballturniers zwischen allen Klassen und die Beschaffung eines lang ersehnten Kaffeeautomaten, der schon sehr lange versprochen, aber niemals eingehalten wurde. Weiters wird der kommende Schulball der Beste sein, den das Land je gesehen hat, darauf könnt ihr euch verlassen. Auch habe ich vor die Schulhomepage erneuern zu lasse, die ausschaut wie eine Beerdigungswebseite aus 1990. Ich kenne da einen Computerfreak, der das in den Griff bekommen wird und es so gestaltet, dass jeder endlich Lust hat, sich dort auszutoben und alles findet was er an Material benötigt.

Und an alle Mobbingtäter an unserer Schule: Euch sage ich den Kampf an. Nur weil euch in eurem eigenen Leben etwas fehlt, müsst ihr es nicht damit kompensieren, indem ihr auf schwächere und unschuldige Mitschüler losgeht. Wenn ihr ihnen nicht helfen könnt, dann schadet ihnen nicht mit eurem psychischen Müll, den ihr von euch gibt oder gar physisch. Jeder Schüler muss sich an dieser Schule wohlfühlen, gerne zum Unterricht gehen und sich immer wieder auf den nächsten Schultag freuen. Treten wir als Gemeinschaft auf, wo wir uns gegenseitig mit unseren individuellen Stärken unterstützen, um alle Schuljahre erfolgreich abzuschließen und vorbereitet auf die nächste Etappe im Leben zu sein.

Da wir in einer Demokratie leben, möchte ich ein offenes Ohr für eure Wünsche haben, die ich vielleicht nicht erwähnt habe. Hierfür bin bereit mir ein zweites Handy zu kaufen, dessen Nummer jeder von euch haben wird. Auch wenn der Aufwand enorm sein wird, alle Nachrichten zu lesen, bin ich bereit auch in meiner Freizeit mich um die Interessen und Anliegen meiner Mitschüler zu kümmern. Ich möchte mit jeden von euch reden, damit wir diese Schule zu einer besseren Einrichtung machen, an der wir uns sehr gerne zurückerinnern werden und auch die nächsten Generationen, die hier lernen werden, sich zu Hause fühlen.

Allein aber werde ich es nicht schaffen. Ich benötige eure Stimme und eure Unterstützung im weiteren Verlauf, damit wir auf bester Art und Weise die genannten Dinge und alle anderen Wünsche umsetzen können.

Ich möchte mich hiermit von euch verabschieden, wir sehen uns wie jeden Tag in den Pausen oder im Unterricht. Möge der beste Schulsprecher gewählt werden!

Die 250 wichtigsten Fremdwörter, die Sie unbedingt lernen und in Ihren Wortschatz integrieren müssen!

A

1.	**a priori**	**von vornherein/grundsätzlich**
2.	**adäquat**	**entsprechend/angemessen**
3.	**Affinität**	**Beziehung/Verbindung**
4.	**akkreditieren**	**beglaubigen/bevollmächtigen**
5.	**akribisch**	**äußerst sorgfältig**
6.	**Akronym**	**aus den Anfangsbuchstaben mehrerer Wörter gebildetes Kurzwort**
7.	**ambitioniert**	**ehrgeizig**
8.	**ambivalent**	**zwiespältig**
9.	**amorph**	**gestaltlos**
10.	**anthropogen**	**vom Menschen verursacht**

B

11.	bagatellisieren	geringfügig ansehen
12.	Bakschisch	Trinkgeld im Orient
13.	banal	keine Besonderheit
14.	bigott	scheinheilig
15.	bilateral	zweiseitig
16.	bizarr	seltsam
17.	Blasphemie	höhnende Äußerung über etwas Heiliges
18.	borniert	engstirnig
19.	brüskieren	in unhöflicher Weise behandeln
20.	bützen	küssen

C

21.	**Cachet**	**Siegel**
22.	**Cargo**	**Frachtgut**
23.	**Charaketristik**	**Haltung**
24.	**chargieren**	**vollmachen**
25.	**chaussieren**	**asphaltieren**
26.	**chiffrieren**	**codieren**
27.	**cholerisch**	**heftig**
28.	**chronisch**	**verloren**
29.	**ciceronisch**	**beispielhaft**
30.	**conferieren**	**moderieren**

D

31.	**Diffamierung**	**Abwertung**
32.	**dechiffrieren**	**aus einem verschlüsselten einen verständlichen Text herstellen**
33.	**dediziert**	**jemandem etwas widmen**
34.	**de facto**	**tatsächlich**
35.	**defätistisch**	**mutlos**
36.	**dezidiert**	**bestimmt**
37.	**deklarieren**	**etwas bekanntgeben**
38.	**delegieren**	**jemandem eine Aufgabe übertragen**
39.	**denunzieren**	**als negativ hinstellen**
40.	**derangiert**	**unordentlich**

E

41.	etablieren	begründen/einrichten
42.	egalitär	auf politische, soziale Gleichheit gerichtet
43.	eklatant	offensichtlich
44.	eruieren	feststellen
45.	Ekstase	rauschhafter Zustand
46.	explorativ	erforschend
47.	eloquent	wortreich und ausdrucksvoll
48.	elysisch	paradiesisch
49.	extrahieren	herausziehen
50.	emittieren	aussenden

F

51.	**fakultativ**	**der freien Wahl überlassen**
52.	**fungieren**	**eine bestimmte Funktion ausüben**
53.	**fatal**	**folgenschwer**
54.	**figurativ**	**gegenständlich abbildend**
55.	**filigran**	**feingliedrig**
56.	**frigide**	**sexuelle Lustlosigkeit**
57.	**flanieren**	**ohne ein bestimmtes Ziel langsam umherschlendern**
58.	**forcieren**	**verstärken**
59.	**fragil**	**zerbrechlich**
60.	**fakturieren**	**etwas berechnen**

G

61.	gerieren	auftreten
62.	goutieren	Gefallen an etwas finden
63.	galant	aufmerksam
64.	gewiss	sicher
65.	Garant	Informant
66.	gepfropft	übervoll
67.	gneißen	mitbekommen
68.	gustatorisch	das Schmecken betreffend
69.	gnädig	geschätzt
70.	gütlich	friedlich

H

71.	**habituell**	**bekannt**
72.	**hedonistisch**	**nach Lustgewinn/Sinnengenuss strebend**
73.	**Hypothese**	**Aussage**
74.	**hermeneutisch**	**einen Text. Erklärend/auslegend**
75.	**heroisieren**	**zum Helden erheben**
76.	**heterogen**	**uneinheitlich**
77.	**honorieren**	**jemandem für eine Leistung zahlen**
78.	**Hysterie**	**Erregung**
79.	**Hypothek**	**Schuld**
80.	**Habitat**	**Lebensraum**

I

81.	**infantil**	**auf kindlicher Entwicklungsstufe stehen geblieben**
82.	**idyllisch**	**ländlich/ruhige Natur**
83.	**illusorisch**	**trügerisch**
84.	**insolent**	**unverschämt**
85.	**immens**	**unermesslich groß**
86.	**intuitiv**	**unterbewusst**
87.	**intern**	**den engsten Kreis einer Gruppe betreffend**
88.	**implizieren**	**einbeziehen**
89.	**isolieren**	**etwas von anderen trennen**
90.	**in flagranti**	**auf frischer Tat**

J

91.	Justierung	Anpassung
92.	juvenalisch	beleidigend
93.	jurieren	werten
94.	juristisch	gesetzlich
95.	jovial	eng
96.	judikatorisch	richterlich
97.	Jargon	Dialekt
98.	Jetlag	Befindensstörung aufgrund der Überquerung von unterschiedlichen Zeitzonen
99.	Jux	Witz
100.	Judiz	juristisches Urteilsvermögen

K

101.	**kalkulieren**	**entstehende Kosten für etwas im Voraus berechnen**
102.	**kohärent**	**zusammenhängend**
103.	**kollaborieren**	**mit dem Gegner zusammenarbeiten**
104.	**kollektiv**	**gemeinschaftlich**
105.	**kompatibel**	**sich kombinieren lassend**
106.	**komplementär**	**das andere ergänzend**
107.	**kompromittieren**	**durch eine Äußerung/Verhalten jemandes Ansehen schaden**
108.	**kondolieren**	**Mitgefühl/Beileid aussprechen**
109.	**konkludent**	**logisch folgern**
110.	**konsolidieren**	**in seinem Bestand festigen**

L

111.	**lädiert**	**in einer das Aussehen beträchtigenden Weise beschädigt**
112.	**lamentieren**	**jammernd um etwas betteln**
113.	**lapidar**	**kurz und knapp**
114.	**lasziv**	**unanständig**
115.	**latent**	**nicht unmittelbar sichtbar**
116.	**lavieren**	**mit Geschick durch etwas hindurchbringen**
117.	**lethargisch**	**Schläfrigkeit**
118.	**liquidieren**	**auflösen**
119.	**lukrativ**	**gewinnbringend**
120.	**lynchen**	**von einer aufgebrachten Menge getötet werden**

M

121.	maliziös	boshaft
122.	manifestieren	sichtbar machen
123.	marginal	nicht unmittelbar wichtig
124.	monieren	bemängeln
125.	martialisch	Furchteinflößend
126.	matrimonial	ehelich
127.	multilateral	mehrseitig
128.	melancholisch	niedergedrückt
129.	melodramatisch	theatralisch
130.	mokieren	sich abfällig oder spöttisch äußern

N

131.	**narzisstisch**	**Selbstverliebtheit**
132.	**nebulös**	**verschwommen**
133.	**negieren**	**leugnen**
134.	**notariell**	**behördlich**
135.	**Novelle**	**Erzählung**
136.	**normativ**	**eine Regel/einen Maßstab für etwas darstellend**
137.	**nostalgisch**	**sehnsuchtsvolle Hinwendung zu Vergangenem**
138.	**notorisch**	**gewohnheitsmäßig**
139.	**nuanciert**	**äußerst differenziert**
140.	**Novum**	**Neuheit**

O

141.	**obligatorisch**	**verbindlich**
142.	**observieren**	**über einen längeren Zeitraum beobachten**
143.	**obskur**	**zweifelhaft**
144.	**obstruktiv**	**hemmend**
145.	**okkupieren**	**sich widerrechtlich aneignen**
146.	**oktroyieren**	**aufzwingen**
147.	**opportun**	**in der gegebenen Situation angebracht**
148.	**oppositiv**	**gegensätzlich**
149.	**opulent**	**sehr reichlich von vorzüglicher Qualität**
150.	**ostentativ**	**bewusst herausfordernd**

P

151.	**paradox**	**widersprüchlich**
152.	**potenziell**	**möglich**
153.	**paraphrasieren**	**mit anderen Wörtern umschreiben**
154.	**partizipieren**	**teilhaben**
155.	**polarisieren**	**Gegensätze schaffen**
156.	**pathetisch**	**übertrieben feierlich**
157.	**pathologisch**	**krankhaft**
158.	**pointiert**	**gezielt**
159.	**philanthropisch**	**auf das Wohl des Menschen bedacht**
160.	**penibel**	**bis ins Einzelne so genau**

Q

161.	**qualifizieren**	**eine Qualifikation erwerben**
162.	**quantifizierbar**	**erfassbar**
163.	**quasi**	**gewissermaßen**
164.	**qualitativ**	**wertig**
165.	**Quintessenz**	**Wesentliches**
166.	**Quelle**	**Ursprung**
167.	**quantitativ**	**der Menge nach**
168.	**quengelig**	**unzufrieden**
169.	**Quirlen**	**drehen**
170.	**quitieren**	**unterschreiben**

R

171.	**ratifizieren**	**mit der Unterschrift bestätigen**
172.	**rezitieren**	**eine Dichtung künstlerisch vortragen**
173.	**rekursiv**	**durch sich selbst definierend**
174.	**rhetorisch**	**auf die Fähigkeit zu reden bezogen**
175.	**rigide**	**steif**
176.	**revanchieren**	**jemandem bei passender Gelegenheit etwas heimzahlen**
177.	**restriktiv**	**beschränkend**
178.	**rigoros**	**sehr streng**
179.	**robust**	**stabil**
180.	**rudimentär**	**unvollständig**

S

181.	**säkular**	**Trennung von Religion und Staat**
182.	**souverän**	**autonom**
183.	**salvatorisch**	**nur aushilfsweise**
184.	**skurril**	**seltsam, ungewöhnlich**
185.	**sedieren**	**beruhigen/beschwichtigen**
186.	**selektiv**	**trennen**
187.	**separat**	**als etwas Selbstständiges von etwas anderem getrennt**
188.	**sporadisch**	**gelegentlich**
189.	**stoisch**	**gelassen/selbstbeherrscht**
190.	**stringent**	**überzeugend**

T

191.	**taktil**	**den Tastsinn betreffend**
192.	**tangibel**	**berührbar**
193.	**thematisch**	**vom Inhalt her**
194.	**temporär**	**vorübergehend**
195.	**theologisch**	**religiös**
196.	**tendenziös**	**nicht objektiv**
197.	**transparent**	**Licht durchlassend**
198.	**transpirieren**	**schwitzen**
199.	**transzendieren**	**die Grenzen eines Bereichs überschreiten**
200.	**trivial**	**gewöhnlich**

U

201.	**ubiquitär**	**überall verbreitet**
202.	**Urbanisierung**	**Ausbreitung städtischer Lebensformen**
203.	**unilateral**	**einseitig**
204.	**unisono**	**im Einklang zu spielen**
205.	**unkonventionell**	**ungewöhnlich**
206.	**unorthodox**	**ungewöhnlich**
207.	**urban**	**städtisch**
208.	**unabdingbar**	**notwendig**
209.	**unterjochen**	**unterdrücken**
210.	**utopisch**	**nur in der Vorstellung existierend**

V

211.	**vakant**	**im Augenblick frei**
212.	**validieren**	**den Wert von etwas feststellen**
213.	**vehement**	**heftig**
214.	**verifizieren**	**beglaubigen**
215.	**veritabel**	**wahrhaft/echt**
216.	**verquer**	**schräg**
217.	**versiert**	**auf einem Gebiet durch Erfahrung gut Bescheid wissen**
218.	**virtuos**	**meisterlich**
219.	**virulent**	**ansteckend**
220.	**volatil**	**unbeständig**

W

221.	**waghalsig**	**kühn**
222.	**wahnhaft**	**irrsinnig**
223.	**wissbegierig**	**Neugierig, interessiert**
224.	**wortbrüchig**	**sein Wort brechen**
225.	**wortgewandt**	**redegewandt**
226.	**Wucher**	**deutlich überhöhte Gegenleistung**
227.	**wuselig**	**sich schnell hin und her bewegend**
228.	**würdigen**	**ehren**
229.	**wüten**	**von zerstörender Wirkung sein**
230.	**wütig**	**überaus zornig**

X

231.	x-beliebig	vielfach
232.	Xanthippe	Hexe
233.	Xenologie	Fremdheitsforschung
234.	xenophil	fremdenfreundlich
235.	xenophob	fremdenfeindlich
236.	xerokopieren	vervielfältigen
237.	Xerophyt	Wüstenpflanze
238.	Xylograf	Künstler
239.	Xylophage	Pflanzenfresser
240.	Xylose	Zuckerart

Z

241.	**zaghaft**	**unsicher, ängstlich**
242.	**zankhaft**	**streitsüchtig**
243.	**Zaster**	**Geld**
244.	**zirkulieren**	**rotieren**
245.	**ziselieren**	**einmeißeln**
246.	**Zitadelle**	**Festung**
247.	**zivilisieren**	**kultivieren**
248.	**zulänglich**	**genug**
249.	**zweierlei**	**verschieden**
250.	**Zögling**	**Schützling**

Effektives Lernspiel: So merken Sie sich Synonyme langfristig!

Nun liegt es an Ihnen! Auf der rechten Seite finden Sie alphabetisch geordnet die Fremdwörter, wobei auf der linken Seite, die Synonyme vermischt sind. Fügen Sie in den vorgegebenen Kästchen die richtigen Zahlen ein, um die richtigen Fremdwörter zuordnen zu können. Wiederholen Sie diese Übung so oft, bis sie alle 250 Fremdwörter im Langzeitgedächtnis eingespeichert haben und in Ihrem Alltag verwenden können.

A

1. a priori	☐ **äußerst sorgfältig**
2. adäquat	☐ **gestaltlos**
3. Affinität	☐ **entsprechend/angemessen**
4. akkreditieren	☐ **vom Menschen verursacht**
5. akribisch	☑ 1 **von vornherein/grundsätzlich**
6. Akronym	☐ **Beziehung/Verbindung**
7. ambitioniert	☐ **zwiespältig**
8. ambivalent	☐ **beglaubigen/bevollmächtigen**
9. amorph	☐ **aus den Anfangsbuchstaben mehrerer Wörter gebildetes Kurzwort**
10. anthropogen	☐ **ehrgeizig**

B

11.	bagatellisieren	☐	zweiseitig
12.	Bakschisch	☐	küssen
13.	banal	☐	seltsam
14.	bigott	☐	geringfügig ansehen
15.	bilateral	☐	Trinkgeld im Orient
16.	bizarr	☐	scheinheilig
17.	Blasphemie	☐	keine Besonderheit
18.	borniert	☐	höhnende Äußerung über etwas Heiliges
19.	brüskieren	☐	engstirnig
20.	bützen	☐	in unhöflicher Weise behandeln

C

21.	**Cachet**	☐	**asphaltieren**
22.	**Cargo**	☐	**moderieren**
23.	**Charaketristik**	☐	**heftig**
24.	**chargieren**	☐	**Frachtgut**
25.	**chaussieren**	☐	**Siegel**
26.	**chiffrieren**	☐	**Haltung**
27.	**cholerisch**	☐	**verloren**
28.	**chronisch**	☐	**codieren**
29.	**ciceronisch**	☐	**vollmachen**
30.	**conferieren**	☐	**beispielhaft**

D

31.	**Diffamierung**	☐	**mutlos**
32.	**dechiffrieren**	☐	**jemandem eine Aufgabe übertragen**
33.	**dediziert**	☐	**bestimmt**
34.	**de facto**	☐	**Abwertung**
35.	**defätistisch**	☐	**tatsächlich**
36.	**dezidiert**	☐	**unordentlich**
37.	**deklarieren**	☐	**aus einem verschlüsselten einen verständlichen Text herstellen**
38.	**delegieren**	☐	**als negativ hinstellen**
39.	**denunzieren**	☐	**etwas bekanntgeben**
40.	**derangiert**	☐	**jemandem etwas widmen**

E

41.	**etablieren**	☐	**herausziehen**
42.	**egalitär**	☐	**paradiesisch**
43.	**eklatant**	☐	**begründen/einrichten**
44.	**eruieren**	☐	**aussenden**
45.	**Ekstase**	☐	**offensichtlich**
46.	**explorativ**	☐	**erforschend**
47.	**eloquent**	☐	**feststellen**
48.	**elysisch**	☐	**auf politische, soziale Gleichheit gerichtet**
49.	**extrahieren**	☐	**rauschhafter Zustand**
50.	**emittieren**	☐	**wortreich und ausdrucksvoll**

F

51.	**fakultativ**	☐	**folgenschwer**
52.	**fungieren**	☐	**sexuelle Lustlosigkeit**
53.	**fatal**	☐	**verstärken**
54.	**figurativ**	☐	**der freien Wahl überlassen**
55.	**filigran**	☐	**zerbrechlich**
56.	**frigide**	☐	**ohne ein bestimmtes Ziel langsam umherschlendern**
57.	**flanieren**	☐	**feingliedrig**
58.	**forcieren**	☐	**etwas berechnen**
59.	**fragil**	☐	**eine bestimmte Funktion ausüben**
60.	**fakturieren**	☐	**gegenständlich abbildend**

G

61.	gerieren	☐	sicher
62.	goutieren	☐	auftreten
63.	galant	☐	Informant
64.	gewiss	☐	Gefallen an etwas finden
65.	Garant	☐	friedlich
66.	gepfropft	☐	geschätzt
67.	gneißen	☐	aufmerksam
68.	gustatorisch	☐	das Schmecken betreffend
69.	gnädig	☐	mitbekommen
70.	gütlich	☐	übervoll

H

71.	**habituell**	☐	**einen Text erklärend/auslegend**
72.	**hedonistisch**	☐	**bekannt**
73.	**Hypothese**	☐	**Erregung**
74.	**hermeneutisch**	☐	**Lebensraum**
75.	**heroisieren**	☐	**Schuld**
76.	**heterogen**	☐	**Aussage**
77.	**honorieren**	☐	**zum Helden erheben**
78.	**Hysterie**	☐	**nach Lustgewinn/Sinnengenuss strebend**
79.	**Hypothek**	☐	**jemandem für eine Leistung zahlen**
80.	**Habitat**	☐	**uneinheitlich**

I

81.	**infantil**	☐	**unverschämt**
82.	**idyllisch**	☐	**trügerisch**
83.	**illusorisch**	☐	**unterbewusst**
84.	**insolent**	☐	**etwas von anderen trennen**
85.	**immens**	☐	**ländlich/ruhige Natur**
86.	**intuitiv**	☐	**auf kindlicher Entwicklungsstufe stehen geblieben**
87.	**intern**	☐	**auf frischer Tat**
88.	**implizieren**	☐	**den engsten Kreis einer Gruppe betreffend**
89.	**isolieren**	☐	**unermesslich groß**
90.	**in flagranti**	☐	**einbeziehen**

J

91.	**Justierung**	☐	**eng**
92.	**juvenalisch**	☐	**richterlich**
93.	**jurieren**	☐	**gesetzlich**
94.	**juristisch**	☐	**Dialekt**
95.	**jovial**	☐	**werten**
96.	**judikatorisch**	☐	**juristisches Urteilsvermögen**
97.	**Jargon**	☐	**beleidigend**
98.	**Jetlag**	☐	**Anpassung**
99.	**Jux**	☐	**Befindensstörung aufgrund der Überquerung von unterschiedlichen Zeitzonen**
100.	**Judiz**	☐	**Witz**

K

101.	**kalkulieren**	☐	**sich kombinieren lassend**
102.	**kohärent**	☐	**das andere ergänzend**
103.	**kollaborieren**	☐	**entstehende Kosten für etwas im Voraus berechnen**
104.	**kollektiv**	☐	**logisch folgern**
105.	**kompatibel**	☐	**zusammenhängend**
106.	**komplementär**	☐	**in seinem Bestand festigen**
107.	**kompromittieren**	☐	**gemeinschaftlich**
108.	**kondolieren**	☐	**mit dem Gegner zusammenarbeiten**
109.	**konkludent**	☐	**Mitgefühl/Beileid aussprechen**
110.	**konsolidieren**	☐	**durch eine Äußerung/Verhalten jemandes Ansehen schaden**

L

111.	lädiert	☐	unanständig
112.	lamentieren	☐	Schläfrigkeit
113.	lapidar	☐	auflösen
114.	lasziv	☐	von einer aufgebrachten Menge getötet werden
115.	latent	☐	gewinnbringend
116.	lavieren	☐	in einer das Aussehen beträchtigenden Weise beschädigt
117.	lethargisch	☐	nicht unmittelbar sichtbar
118.	liquidieren	☐	jammernd um etwas betteln
119.	lukrativ	☐	mit Geschick durch etwas hindurchbringen
120.	lynchen	☐	kurz und knapp

M

121.	**maliziös**	☐	**ehelich**
122.	**manifestieren**	☐	**boshaft**
123.	**marginal**	☐	**Furchteinflößend**
124.	**monieren**	☐	**sichtbar machen**
125.	**martialisch**	☐	**niedergedrückt**
126.	**matrimonial**	☐	**sich abfällig oder spöttisch äußern**
127.	**multilateral**	☐	**theatralisch**
128.	**melancholisch**	☐	**nicht unmittelbar wichtig**
129.	**melodramatisch**	☐	**bemängeln**
130.	**mokieren**	☐	**mehrseitig**

N

131.	**narzisstisch**	☐	**leugnen**
132.	**nebulös**	☐	**äußerst differenziert**
133.	**negieren**	☐	**Erzählung**
134.	**notariell**	☐	**sehnsuchtsvolle Hinwendung zu Vergangenem**
135.	**Novelle**	☐	**behördlich**
136.	**normativ**	☐	**gewohnheitsmäßig**
137.	**nostalgisch**	☐	**eine Regel/einen Maßstab für etwas darstellend**
138.	**notorisch**	☐	**Neuheit**
139.	**nuanciert**	☐	**Selbstverliebtheit**
140.	**Novum**	☐	**verschwommen**

O

141.	**obligatorisch**	☐	**bewusst herausfordernd**
142.	**observieren**	☐	**hemmend**
143.	**obskur**	☐	**aufzwingen**
144.	**obstruktiv**	☐	**verbindlich**
145.	**okkupieren**	☐	**in der gegebenen Situation angebracht**
146.	**oktroyieren**	☐	**sehr reichlich von vorzüglicher Qualität**
147.	**opportun**	☐	**über einen längeren Zeitraum beobachten**
148.	**oppositiv**	☐	**zweifelhaft**
149.	**opulent**	☐	**sich widerrechtlich aneignen**
150.	**ostentativ**	☐	**gegensätzlich**

P

151.	**paradox**	☐	**auf das Wohl des Menschen bedacht**
152.	**potenziell**	☐	**krankhaft**
153.	**paraphrasieren**	☐	**möglich**
154.	**partizipieren**	☐	**widersprüchlich**
155.	**polarisieren**	☐	**bis ins Einzelne so genau**
156.	**pathetisch**	☐	**teilhaben**
157.	**pathologisch**	☐	**mit anderen Wörtern umschreiben**
158.	**pointiert**	☐	**Gegensätze schaffen**
159.	**philanthropisch**	☐	**übertrieben feierlich**
160.	**penibel**	☐	**gezielt**

Q

161.	qualifizieren	☐	drehen
162.	quantifizierbar	☐	der Menge nach
163.	quasi	☐	unterschreiben
164.	qualitativ	☐	erfassbar
165.	Quintessenz	☐	gewissermaßen
166.	Quelle	☐	Wesentliches
167.	quantitativ	☐	Ursprung
168.	quengelig	☐	eine Qualifikation erwerben
169.	Quirlen	☐	wertig
170.	quitieren	☐	unzufrieden

R

171.	**ratifizieren**	☐	**stabil**
172.	**rezitieren**	☐	**steif**
173.	**rekursiv**	☐	**auf die Fähigkeit zu reden bezogen**
174.	**rhetorisch**	☐	**beschränkend**
175.	**rigide**	☐	**unvollständig**
176.	**revanchieren**	☐	**durch sich selbst definierend**
177.	**restriktiv**	☐	**eine Dichtung künstlerisch vortragen**
178.	**rigoros**	☐	**mit der Unterschrift bestätigen**
179.	**robust**	☐	**jemandem bei passender Gelegenheit etwas heimzahlen**
180.	**rudimentär**	☐	**sehr streng**

S

181.	**säkular**	☐	**seltsam, ungewöhnlich**
182.	**souverän**	☐	**gelegentlich**
183.	**salvatorisch**	☐	**überzeugend**
184.	**skurril**	☐	**als etwas Selbstständiges von etwas anderem getrennt**
185.	**sedieren**	☐	**Trennung von Religion und Staat**
186.	**selektiv**	☐	**autonom**
187.	**separat**	☐	**gelassen/selbstbeherrscht**
188.	**sporadisch**	☐	**nur aushilfsweise**
189.	**stoisch**	☐	**beruhigen/beschwichtigen**
190.	**stringent**	☐	**trennen**

T

191.	**taktil**	☐	**Licht durchlassend**
192.	**tangibel**	☐	**religiös**
193.	**thematisch**	☐	**berührbar**
194.	**temporär**	☐	**nicht objektiv**
195.	**theologisch**	☐	**den Tastsinn betreffend**
196.	**tendenziös**	☐	**gewöhnlich**
197.	**transparent**	☐	**schwitzen**
198.	**transpirieren**	☐	**vom Inhalt her**
199.	**transzendieren**	☐	**vorübergehend**
200.	**trivial**	☐	**die Grenzen eines Bereichs überschreiten**

U

201.	**ubiquitär**	☐	**ungewöhnlich**
202.	**Urbanisierung**	☐	**städtisch**
203.	**unilateral**	☐	**überall verbreitet**
204.	**unisono**	☐	**ungewöhnlich**
205.	**unkonventionell**	☐	**nur in der Vorstellung existierend**
206.	**unorthodox**	☐	**im Einklang zu spielen**
207.	**urban**	☐	**unterdrücken**
208.	**unabdingbar**	☐	**Ausbreitung städtischer Lebensformen**
209.	**unterjochen**	☐	**einseitig**
210.	**utopisch**	☐	**notwendig**

V

211.	**vakant**	☐ **meisterlich**
212.	**validieren**	☐ **unbeständig**
213.	**vehement**	☐ **schräg**
214.	**verifizieren**	☐ **ansteckend**
215.	**veritabel**	☐ **im Augenblick frei**
216.	**verquer**	☐ **beglaubigen**
217.	**versiert**	☐ **wahrhaft/echt**
218.	**virtuos**	☐ **auf einem Gebiet durch Erfahrung gut Bescheid wissen**
219.	**virulent**	☐ **den Wert von etwas feststellen**
220.	**volatil**	☐ **heftig**

W

221.	waghalsig	☐	irrsinnig
222.	wahnhaft	☐	ehren
223.	wissbegierig	☐	kühn
224.	wortbrüchig	☐	sich schnell hin und her bewegend
225.	wortgewandt	☐	von zerstörender Wirkung sein
226.	Wucher	☐	überaus zornig
227.	wuselig	☐	deutlich überhöhte Gegenleistung
228.	würdigen	☐	sein Wort brechen
229.	wüten	☐	Neugierig, interessiert
230.	wütig	☐	redegewandt

X

231.	x-beliebig	☐	vervielfältigen
232.	Xanthippe	☐	fremdenfreundlich
233.	Xenologie	☐	Wüstenpflanze
234.	xenophil	☐	vielfach
235.	xenophob	☐	Zuckerart
236.	xerokopieren	☐	Künstler
237.	Xerophyt	☐	Pflanzenfresser
238.	Xylograf	☐	fremdenfeindlich
239.	Xylophage	☐	Hexe
240.	Xylose	☐	Fremdheitsforschung

Z

241.	zaghaft	☐	rotieren
242.	zankhaft	☐	Festung
243.	Zaster	☐	unsicher, ängstlich
244.	zirkulieren	☐	streitsüchtig
245.	ziselieren	☐	verschieden
246.	Zitadelle	☐	Schützling
247.	zivilisieren	☐	genug
248.	zulänglich	☐	einmeißeln
249.	zweierlei	☐	kultivieren
250.	Zögling	☐	Geld

Lösungen

Kapitel 12:

1. a priori = von vornherein/grundsätzlich
2. adäquat = entsprechend/angemessen
3. Affinität = Beziehung/Verbindung
4. akkreditieren = beglaubigen/bevollmächtigen
5. akribisch = äußerst sorgfältig
6. Akronym = aus den Anfangsbuchstaben mehrerer Wörter gebildetes Kurzwort
7. Ambitioniert = ehrgeizig
8. ambivalent = zwiespältig
9. amorph = gestaltlos
10. anthropogen = vom Menschen verursacht
11. bagatellisieren = geringfügig ansehen
12. Bakschisch = Trinkgeld im Orient
13. banal = keine Besonderheit
14. bigott = scheinheilig
15. bilateral = zweiseitig
16. Bizarr = seltsam

17. Blasphemie = höhnende Äußerung über etwas Heiliges
18. borniert = engstirnig
19. brüskieren = in unhöflicher Weise behandeln
20. bützen = küssen
21. Cachet = Siegel
22. Cargo = Frachtgut
23. Charakteristik = Haltung
24. Chargieren = vollmachen
25. chaussieren = asphaltieren
26. chiffrieren = codieren
27. cholerisch = heftig
28. chronisch = verloren
29. ciceronisch = beispielhaft
30. conferieren = moderieren
31. Diffamierung = Abwertung
32. dechiffrieren = aus einem verschlüsselten einen verständlichen Text herstellen
33. dediziert = jemandem etwas widmen
34. de facto = tatsächlich
35. defätistisch = mutlos
36. dezidiert = bestimmt
37. deklarieren = etwas bekanntgeben

38. delegieren = jemandem eine Aufgabe übertragen
39. denunzieren = als negativ hinstellen
40. derangiert = unordentlich
41. etablieren = begründen/einrichten
42. egalitär = auf politische, soziale Gleichheit gerichtet
43. eklatant = offensichtlich
44. eruieren = feststellen
45. Ekstase = rauschhafter Zustand
46. explorativ = erforschend
47. eloquent = wortreich und ausdrucksvoll
48. elysisch = paradiesisch
49. extrahieren = herausziehen
50. emittieren = aussenden
51. fakultativ = der freien Wahl überlassen
52. fungieren = eine bestimmte Funktion ausüben
53. fatal = folgenschwer
54. figurativ = gegenständlich abbildend
55. filigran = feingliedrig
56. frigide = sexuelle Lustlosigkeit
57. flanieren = ohne ein bestimmtes Ziel langsam umherschlendern
58. forcieren = verstärken
59. fragil = zerbrechlich

60. fakturieren = etwas berechnen
61. gerieren = auftreten
62. goutieren = Gefallen an etwas finden
63. galant = aufmerksam
64. gewiss = sicher
65. Garant = Informant
66. gepfropft = übervoll
67. gneißen = mitbekommen
68. gustatorisch = das Schmecken betreffend
69. gnädig = geschätzt
70. gütlich = friedlich
71. habituell = bekannt
72. hedonistisch = nach Lustgewinn/Sinnengenuss strebend
73. Hypothese = Aussage
74. hermeneutisch = einen Text erklärend/auslegend
75. heroisieren = zum Helden erheben
76. heterogen = uneinheitlich
77. honorieren = jemandem für eine Leistung zahlen
78. Hysterie = Erregung
79. Hypothek = Schuld
80. Habitat = Lebensraum

81. infantil = auf kindlicher Entwicklungsstufe stehen geblieben
82. idyllisch = ländlich/ruhige Natur
83. illusorisch = trügerisch
84. insolent = unverschämt
85. immens = unermesslich groß
86. intuitiv = unterbewusst
87. intern = den engsten Kreis einer Gruppe betreffend
88. implizieren = einbeziehen
89. isolieren = etwas von anderen trennen
90. in flagranti = auf frischer Tat
91. Justierung = Anpassung
92. juvenalisch = beleidigend
93. jurieren = werten
94. juristisch = gesetzlich
95. jovial = eng
96. judikatorisch = richterlich
97. Jargon = Dialekt
98. Jetlag = Befindensstörung aufgrund der Überquerung von unterschiedlichen Zeitzonen
99. Jux = Witz
100. Judiz = juristisches Urteilsvermögen

101. kalkulieren = entstehende Kosten für etwas im Voraus berechnen
102. kohärent = zusammenhängend
103. kollaborieren = mit dem Gegner zusammenarbeiten
104. kollektiv = gemeinschaftlich
105. kompatibel = sich kombinieren lassend
106. komplementär = das andere ergänzend
107. kompromittieren = durch eine Äußerung/Verhalten jemandes Ansehen schaden
108. kondolieren = Mitgefühl/Beileid aussprechen
109. konkludent = logisch folgern
110. konsolidieren = in seinem Bestand festigen
111. lädiert = in einer das Aussehen beträchtigenden Weise beschädigt
112. lamentieren = jammernd um etwas betteln
113. lapidar = kurz und knapp
114. lasziv = unanständig
115. latent = nicht unmittelbar sichtbar
116. lavieren = mit Geschick durch etwas hindurchbringen
117. lethargisch = Schläfrigkeit
118. liquidieren = auflösen

119. lukrativ = gewinnbringend

120. lynchen = von einer aufgebrachten Menge getötet werden

121. maliziös = boshaft

122. manifestieren = sichtbar machen

123. marginal = nicht unmittelbar wichtig

124. monieren = bemängeln

125. martialisch = Furchteinflößend

126. matrimonial = ehelich

127. multilateral = mehrseitig

128. melancholisch = niedergedrückt

129. melodramatisch = theatralisch

130. mokieren = sich abfällig oder spöttisch äußern

131. narzisstisch = Selbstverliebtheit

132. nebulös = verschwommen

133. negieren = leugnen

134. notariell = behördlich

135. Novelle = Erzählung

136. normativ = eine Regel/einen Maßstab für etwas darstellend

137. nostalgisch = sehnsuchtsvolle Hinwendung zu Vergangenem

138. notorisch = gewohnheitsmäßig

139. nuanciert = äußerst differenziert
140. Novum = Neuheit
141. obligatorisch = verbindlich
142. observieren = über einen längeren Zeitraum beobachten
143. obskur = zweifelhaft
144. obstruktiv = hemmend
145. okkupieren = sich widerrechtlich aneignen
146. oktroyieren = aufzwingen
147. opportun = in der gegebenen Situation angebracht
148. oppositiv = gegensätzlich
149. opulent = sehr reichlich von vorzüglicher Qualität
150. ostentativ = bewusst herausfordernd
151. paradox = widersprüchlich
152. potenziell = möglich
153. paraphrasieren = mit anderen Wörtern umschreiben
154. partizipieren = teilhaben
155. polarisieren = Gegensätze schaffen
156. pathetisch = übertrieben feierlich
157. pathologisch = krankhaft
158. pointiert = gezielt
159. philanthropisch = auf das Wohl des Menschen bedacht

160. penibel = bis ins Einzelne so genau
161. qualifizieren = eine Qualifikation erwerben
162. quantifizierbar = erfassbar
163. quasi = gewissermaßen
164. qualitativ = wertig
165. Quintessenz = Wesentliches
166. Quelle = Ursprung
167. quantitativ = der Anzahl nach
168. quengelig = unzufrieden
169. Quirlen = drehen
170. quitieren = unterschreiben
171. ratifizieren = mit der Unterschrift bestätigen
172. rezitieren = eine Dichtung künstlerisch vortragen
173. rekursiv = durch sich selbst definierend
174. rhetorisch = auf die Fähigkeit zu reden bezogen
175. rigide = steif
176. revanchieren = jemandem bei passender Gelegenheit etwas heimzahlen
177. restriktiv = beschränkend
178. rigoros = sehr streng
179. robust = stabil
180. rudimentär = unvollständig
181. säkular = Trennung von Religion und Staat

182. souverän = autonom
183. salvatorisch = nur aushilfsweise
184. skurril = seltsam, ungewöhnlich
185. sedieren = beruhigen/beschwichtigen
186. selektiv = trennen
187. separat = als etwas Selbstständiges von etwas anderem getrennt
188. sporadisch = gelegentlich
189. stoisch = gelassen/selbstbeherrscht
190. stringent = überzeugend
191. taktil = den Tastsinn betreffend
192. tangibel = berührbar
193. thematisch = vom Inhalt her
194. temporär = vorübergehend
195. theologisch = religiös
196. tendenziös = nicht objektiv
197. transparent = Licht durchlassend
198. transpirieren = schwitzen
199. transzendieren = die Grenzen eines Bereichs überschreiten
200. trivial = gewöhnlich
201. ubiquitär = überall verbreitet

202. Urbanisierung = Ausbreitung städtischer Lebensformen
203. unilateral = einseitig
204. unisono = im Einklang zu spielen
205. unkonventionell = ungewöhnlich
206. unorthodox = ungewöhnlich
207. urban = städtisch
208. unabdingbar = notwendig
209. unterjochen = unterdrücken
210. utopisch = nur in der Vorstellung existierend
211. vakant = im Augenblick frei
212. validieren = den Wert von etwas feststellen
213. vehement = heftig
214. verifizieren = beglaubigen
215. veritabel = wahrhaft/echt
216. verquer = schräg
217. versiert = auf einem Gebiet durch Erfahrung gut Bescheid wissen
218. virtuos = meisterlich
219. virulent = ansteckend
220. volatil = unbeständig
221. waghalsig = kühn
222. wahnhaft = irrsinnig

223. wissbegierig = neugierig, interessiert
224. wortbrüchig = sein Wort brechen
225. wortgewandt = redegewandt
226. Wucher = deutlich überhöhte Gegenleistung
227. wuselig = sich schnell hin und her bewegend
228. würdigen = ehren
229. wüten = von zerstörender Wirkung sein
230. wütig = überaus zornig
231. x-beliebig = vielfach
232. Xanthippe = Hexe
233. Xenologie = Fremdheitsforschung
234. xenophil = fremdenfreundlich
235. xenophob = fremdenfeindlich
236. xerokopieren = vervielfältigen
237. Xerophyt = Wüstenpflanze
238. Xylograf = Künstler
239. Xylophage = Pflanzenfresser
240. Xylose = Zuckerart
241. zaghaft = unsicher, ängstlich
242. zankhaft = streitsüchtig
243. Zaster = Geld
244. zirkulieren = rotieren
245. ziselieren = einmeißeln

246. Zitadelle = Festung
247. zivilisieren = kultivieren
248. zulänglich = genug
249. zweierlei = verschieden
250. Zögling = Schützling

Autor: Joseph Bucherer

Verleger: Readers Club Verlag

Impressum

Angaben gemäß § 5 TMG

Readers Club Verlag

Handelskai 102-112/2/5

1200 Wien

Printed in Poland
by Amazon Fulfillment
Poland Sp. z o.o., Wrocław

47412229R00115